Diogenes Taschenbuch 22593

de
te
be

Washington Irving

Meister-erzählungen

Aus dem Amerikanischen
und mit einem Nachwort von
Gunther Martin
Mit Illustrationen von
Henry Ritter und
Wilhelm Camphausen

Diogenes

Diese Auswahl erschien
erstmals 1970 unter dem Titel:
›Rip van Winkle‹
in der Diogenes Erzähler Bibliothek
Die Erzählung ›Rip van Winkle‹
und die Illustrationen wurden dem Band
›Washington Irving, Auswahl aus seinen Schriften‹,
F.A. Brockhaus Verlag, Leipzig, entnommen.
Alle anderen Erzählungen übersetzte Gunther Martin.
Umschlagillustration:
Robert Salmon, ›Yacht Dream‹, 1839
(Ausschnitt)

Veröffentlicht als Diogenes Taschenbuch, 1993

40/93/43/1
ISBN 3 257 22593 8

INHALT

RIP VAN WINKLE

Aus dem handschriftlichen
Nachlasse
Diedrich Knickerbockers

Die nachfolgende Erzählung fand sich unter den Papieren des verstorbenen Diedrich Knickerbocker, eines alten Herrn in New York, welcher sich für die holländische Geschichte der Provinz und die Sitten der Nachkommen ihrer ersten Ansiedler lebhaft interessiert hat. Seine historischen Forschungen wurden indes weniger in Büchern als unter den Menschen angestellt; denn die erstern gewähren für Themen, wie sie ihm am Herzen lagen, eine beklagenswert geringe Ausbeute, wohingegen er die alten Bürger und noch mehr deren Frauen reich an jener Sagenkunde fand, welche für die echte Geschichte so unschätzbar ist. Sooft er daher einer echt holländischen Familie in ihrem behaglichen Farmhaus mit niedrigem Dach, überschattet von weitgestreckten Sykomorenzweigen, begegnete, betrachtete er sie wie ein mit Klammern versehenes Bändchen aus den ersten Jahrhunderten der Druckerkunst und studierte es mit dem Eifer eines Bücherwurms.

Das Ergebnis all dieser Forschungen war eine Geschichte der Provinz während der Regierung der holländischen Statthalter, die er vor einer Reihe von Jahren veröffentlichte. Es sind verschiedene Meinungen über den literarischen Wert seines

Werkes lautgeworden, und dasselbe ist, offen gestanden, um kein Haar besser, als es sein sollte. Sein Hauptverdienst ist seine gewissenhafte Genauigkeit, die allerdings beim ersten Erscheinen etwas in Zweifel gezogen ward, seitdem aber vollständig anerkannt worden ist; gegenwärtig ist das Werk in alle historischen Sammlungen als ein Buch von unbestreitbarer Autorität aufgenommen.

Der alte Herr starb kurz nach der Herausgabe seines Werkes, und nun, da er tot und hingegangen ist, kann es seinem Gedächtnis wenig Nachteil bringen, wenn man sagt, daß er seine Zeit in wichtigern Arbeiten weit besser angewendet hätte. Aber er wollte nun einmal sein eigenes Steckenpferd reiten, und wenn dasselbe bisweilen auch den Staub ein wenig in die Augen seiner Nachbarn warf und die gute Laune einiger Freunde störte, für welche er die aufrichtigste Achtung und Zuneigung hegte, so gedenkt man seiner Irrtümer und Torheiten doch ›mehr in

Betrübnis denn im Zorn ‹, und man beginnt zu ahnen, daß er nie Beleidigung oder Kränkung beabsichtigte. In welcher Weise indes auch sein Andenken von Kritikern gewürdigt werden mag, immer bleibt es noch vielen Leuten wert, deren gute Meinung wohl zu schätzen ist; insbesondere gilt dies von gewissen Kuchenbäckern, welche so weit gegangen sind, sein Bild ihren Neujahrskuchen aufzupressen, und ihm dadurch eine Aussicht auf Unsterblichkeit eröffnet haben, die kaum geringer ist als jene, welche durch das Gepräge auf einer Waterloomedaille oder einem Farthing der Königin Anna erlangt werden kann.

Bei Wodan, Gott der Sachsen,
Nach welchem Mittwoch Wodanstag genannt ist,
Die Wahrheit ist's, woran ich halten will
Bis zu dem Tag, da ich mich niederlege
In meine Gruft – – CARTWRIGHT

Wer jemals den Hudson hinaufgereist ist, wird sich der Catskillberge erinnern. Sie sind ein losgetrennter Zweig der großen Appalachenfamilie, und man erblickt sie in westlicher Richtung vom Flusse, wo sie zu einer stattlichen Höhe emporschwellen und das umgebende Land beherrschen. Jeder Wechsel der Jahreszeit, jeder Wechsel des Wetters, ja jede Stunde des Tages bringt auch einen Wechsel in den magischen Farben und Gestalten dieser Berge hervor, welche von allen guten Hausfrauen nah und fern als untrügliche Barometer betrachtet werden. Ist das Wetter schön und beständig, so sind sie in Blau und Purpur gekleidet und zeichnen ihre kühnen Umrisse an dem klaren Abendhimmel ab; bisweilen jedoch, während der Rest der Landschaft wolkenlos ist, sammeln sie eine Kappe grauer Dünste um ihre Gipfel, welche dann in den letzten Strahlen der sinkenden Sonne glühen und schimmern wie von einer Glorie gekrönt.

Am Fuße dieser feenhaften Berge kann der Reisende die leichte Rauchwolke unterscheiden, die sich von einem Dorfe emporkräuselt, dessen rote Dächer gerade an der Stelle, wo die blauen Tinten des Hochlands sich in dem frischen Grün der nähern Landschaft verlieren, durch die

Bäume leuchten. Es ist ein kleines Dorf von hohem Alter, denn es wurde von einigen der holländischen Ansiedler in den ersten Zeiten der Provinz gegründet, und zwar gleich im Beginn der Regierung des guten Peter Stuyvesant (Friede seiner Asche!). Vor wenigen Jahren noch standen einige Häuser der ursprünglichen Ansiedler, erbaut aus kleinen gelben Ziegeln, die man aus Holland gebracht hatte, und versehen mit Gitterfenstern und spitzen Giebeln, über denen sich Wetterhähne drehten.

In diesem Dorfe, und zwar in einem der erwähnten Häuser, welches – um streng der Wahrheit gemäß zu schildern – von der Zeit und vom Wetter außerordentlich mitgenommen worden war, lebte vor vielen Jahren, als das Land noch eine Provinz Großbritanniens war, eine schlichte gutmütige Haut namens Rip van Winkle. Er war ein Nachkomme der van Winkles, die eine so stattliche Rolle in den ritterlichen Tagen Peter

Stuyvesants spielten und ihn zur Belagerung des Forts Christina begleiteten. Er hatte indes nur wenig von dem kriegerischen Charakter seiner Vorfahren geerbt. Ich habe bemerkt, daß er ein schlichter, gutmütiger Mann war; überdies war er aber auch ein freundlicher Nachbar und ein gehorsamer, wohlregierter Ehemann. Vielleicht war's gerade der letztere Umstand, dem er die Gemütssanftheit verdankte, wodurch er sich so allgemein beliebt machte; denn auswärts sind gewöhnlich diejenigen Männer am umgänglichsten und willfährigsten, welche unter der Disziplin eines Hausdrachens stehen. Ihre Gemüter werden ohne Zweifel im glühenden Ofen häuslicher Plage gefällig und nachgiebig gemacht, und alle Predigten in der Welt lehren die Tugenden der Geduld und der Ausdauer im Leiden nicht so gründlich als eine Gardinenpredigt. Ein zänkisches Weib kann daher in mancher Hinsicht schon für einen leidlichen Segen gelten, und wenn dem so ist, dann war Rip van Winkle dreifach gesegnet.

Gewiß ist, daß er bei allen guten Frauen des Dorfes sehr in Gunst stand, welche, nach der Gewohnheit des sanften Geschlechts, bei allen Familienzwisten seine Partei nahmen und nie verfehlten, alle Schuld auf Frau van Winkle zu wälzen, wenn sie in ihren abendlichen Plauderstunden diese Dinge besprachen. Auch die Kinder des Dorfes jauchzten vor Freude, sowie er sich nur näherte. Er wohnte ihren Spielen bei, verfertigte ihre Spielsachen, lehrte sie Papierdrachen steigen lassen und Schnellkugeln werfen und erzählte ihnen lange Geschichten von Geistern, Hexen und Indianern. Sooft er durchs Dorf schlenderte, war er stets von einer Schar von Kindern umringt, die an seinen Rockschößen hingen, auf seinen Rücken kletterten und ungestraft tausend Possen mit ihm spielten; und in der ganzen Nachbarschaft war kein Hund, der ihn angebellt hätte.

Der Hauptfehler in Rips ganzem Wesen war eine unüberwindliche Abneigung gegen alle Arten einträglicher Arbeit. Diese Abneigung konnte ihren Grund nicht in einem Mangel an Fleiß oder Ausdauer haben, denn er vermochte mit einer Angelrute, so lang und schwer wie eine Tatarenlanze, auf einem feuchten Felsen zu sitzen und den ganzen Tag ohne Murren zu angeln, selbst wenn ihn kein einziger Anbiß ermutigte. Stundenlang konnte er eine Vogelflinte auf der Schulter tragen und sich bergauf, bergab durch Wald und Sumpf arbeiten, um etliche Eichhörnchen oder wilde Tauben zu schießen. Auch bei der schwersten Arbeit versagte er seinen Beistand nie einem Nachbar, und in allen ländlichen Lustbarkeiten, beim Aushülsen des Maises oder beim Bauen steinerner Einfriedungen, war er stets einer der ersten; auch die Weiber des Dorfes benutzten ihn, um ihre Botschaften auszurichten oder allerhand kleine Geschäfte für sie zu besorgen, wozu sich ihre minder gefälligen Gatten nicht hergeben mochten. Mit einem Worte, Rip war bereit, jedermanns Geschäft zu besorgen, nur nicht sein eigenes; häusliche Obliegenheiten zu erfüllen, seine Farm in Ordnung zu halten, das fand er unmöglich.

Er erklärte in der Tat, es helfe nichts, auf seiner Farm zu arbeiten; es wäre das verwünschteste Stückchen Boden im ganzen Lande; alles ginge schlecht darauf vonstatten und würde schlecht gehen, was er auch tun möchte. Seine Einfriedungen fielen beständig auseinander; seine Kuh verlief sich oder ging unter den Kohl; Unkraut wuchs auf seinem Felde sicherlich geschwinder denn irgendwas andres; der Regen fiel, wie absichtlich, stets in dem Augenblicke, wenn er aus dem Hause getreten war, um an die Arbeit zu gehen; und war sein Erbgut auch unter seiner Verwaltung, ein Acker nach dem andern, hinweggeschwunden, bis wenig mehr geblieben war als ein Stückchen Mais und Kartoffeln, so war doch keine Farm in der ganzen Gegend in so schlechtem Zustande.

Auch seine Kinder waren so zerlumpt und wild, als ob sie niemand angehörten. Sein Sohn Rip, ein zu seinem eigenen Ebenbilde erzeugter kleiner Schelm, verhieß zugleich mit den alten Kleidern des Vaters dessen Gewohnheiten zu erben. Gewöhnlich sah man ihn gleich einem Füllen seiner Mutter auf den Fersen nachtraben, bekleidet mit einem Paar abgelegter Pluderhosen seines Vaters, die er mühselig genug mit einer Hand emporhalten mußte, wie es eine Dame bei schlechtem Wetter mit ihrem Kleide zu tun pflegt.

Rip van Winkle war indes einer jener glücklichen Sterblichen von harmlosem, geschmeidigem Temperament, welche die Welt von der besten Seite betrachten, Schwarzbrot oder Weißbrot essen, welches von beiden gerade am bequemsten zu erlangen ist, und lieber bei einem

Pfennig darben als für ein Pfund arbeiten. Wäre er sich selbst überlassen geblieben, so würde er sein Leben seelenvergnügt hinweggeträllert haben; aber sein Weib lag ihm beständig in den Ohren mit seinem Müßiggange, seinem Leichtsinne und dem Verderben, das er auf seine Familie brächte. Morgens, mittags und nachts war ihre Zunge beständig in Bewegung, und alles, was er sprach oder tat, entfesselte sicherlich stets einen Strom hausmütterlicher Beredsamkeit. Rip hatte nur eine Art der Erwiderung auf alle derartigen Vorlesungen, und sie war ihm durch langen Gebrauch zu einer Gewohnheit geworden. Er zog die Schultern in die Höhe, schüttelte den Kopf, schlug die Augen empor und sagte kein Wort. Dadurch reizte er sein Weib jedoch stets zu einem neuen Losbruch, so daß er gern seine Streitkräfte zurückzog und sich nach der Außenseite des Hauses begab – allerdings die einzige Seite, welche einem Pantoffelhelden gehört.

Rips einziger Anhänger im Hause war sein Hund Wolf, der ebensosehr unterm Pantoffel stand wie sein Herr, denn Frau van Winkle betrachtete sie als Genossen im Müßiggange und sah besonders mit scheelem Blick auf Wolf als die Ursache des häufigen Umherschlenderns seines Herrn. Er war allerdings in allem, was man bei einem rechtschaffenen Hunde erwarten darf, ein so tüchtiges und mutiges Tier, als nur je eins die Wälder durchschwärmte; aber welcher Mut vermag den nie endenden und alles überwältigenden Schrecken einer Weiberzunge zu widerstehen? Sowie Wolf das Haus betrat, ließ er den Mut sinken, der Schwanz senkte sich zu Boden oder krümmte sich zwischen die Hinterbeine, und er schlich mit der Miene eines Verbrechers umher, während er manchen Seitenblick auf Frau van Winkle warf, um bei der geringsten Bewegung eines Besenstiels oder Löffels mit stürmischer Hast zur Türe zu fliehen.

Schlechter und schlechter wurden die Zeiten für Rip van Winkle, während die Jahre des Ehestandes dahinrollten; ein herbes Gemüt wird mit den Jahren nie milder, und eine scharfe Zunge ist das einzige schneidende Werkzeug, welches durch beständigen Gebrauch schärfer wird. Eine lange Zeit hindurch suchte er sich, wenn er daheim vertrieben ward, durch den Besuch einer Art permanenten Clubs der Weisen, Philosophen und anderer müßiger Personen des Dorfes zu trösten, welcher seine Sitzungen auf einer Bank vor einem kleinen Wirtshause hielt, das als Schild ein sehr rotes Porträt Seiner Majestät König Georges III. führte. Da pflegten sie im Schatten eines langen, träge schleichenden Sommertags zu sitzen, sorglos über Dorfneuigkeiten zu schwatzen oder endlose schläferige Geschichten um ein Nichts zu erzählen. Es wäre jedoch das Geld eines Staatsmanns wert gewesen, die tiefen Erörterungen zu hören, die bisweilen stattfanden, wenn zufällig durch einen Reisenden ein altes Zeitungsblatt in ihre Hände fiel. Wie feierlich lauschten sie auf den Inhalt, würdig vorgetragen durch Derrick Van Bummel, den Schulmeister, ein gewandtes, gelehrtes Männchen, das sich auch durch das gigantischste Wort im Lexikon nicht schrecken ließ; und wie weise ratschlagten sie über Staatsereignisse einige Monate nachdem dieselben stattgefunden hatten!

Vollständig kontrolliert wurden die Meinungen dieser Junta durch Nicholas Vedder, einen Patriarchen des Dorfes und Wirt des Hauses, an dessen Tür er seinen Sitz von Morgen bis Nacht einnahm, indem er sich eben nur weit genug bewegte, um die Sonne zu meiden und sich im Schatten eines großen Baumes zu halten, so daß die Nachbarn nach seinen Bewegungen die Stunde ebenso genau als nach einem Sonnenzeiger angeben konnten. Allerdings hörte man ihn selten sprechen, unablässig jedoch rauchte er seine Pfeife. Seine Anhänger (denn jeder große Mann hat seine Anhänger) verstanden ihn gleichwohl vollkommen und wußten seine Meinungen herauszufinden. Wenn ihm irgend etwas Gelesenes oder Erzähltes mißfiel, so sah man ihn seine Pfeife heftig rauchen und kurze, zahlreiche und zornige Wolken entsenden; war er aber vergnügt, so zog er den Rauch langsam und ruhig ein und ließ ihn in leichten, anmutigen Wölkchen entschweben; bisweilen nahm er die Pfeife aus dem Munde, ließ sich den duftigen Rauch um die Nase kräuseln und nickte zum Zeichen vollkommener Beistimmung mit dem Kopfe.

Auch aus dieser starken Veste wurde der unglückliche Rip endlich durch sein zänkisches Weib vertrieben, welches gelegentlich wie ein Wetter auf die ruhige Versammlung einstürmte und alle Mitglieder mit Schmähungen überhäufte; auch der ehrwürdige Mann, Nicholas Vedder selbst, wurde von der kühnen

Zunge dieses fürchterlichen Mannweibes nicht geschont, welches ihn geradezu beschuldigte, ihren Mann im Müßiggange zu bestärken.

Der arme Rip war am Ende fast zur Verzweiflung gebracht, und die einzige Ausflucht, um den Arbeiten der Farm und dem Toben seines Weibes zu entgehen, war, die Flinte in die Hand zu nehmen und hinaus in die Wälder zu streifen. Hier setzte er sich bisweilen an den Fuß eines Baumes und teilte den Inhalt seiner Tasche mit Wolf, mit welchem er, als einem Leidensgenossen in der Verfolgung, sympathisierte. »Armer Wolf«, sagte er dann wohl, »deine Gebieterin läßt dich ein Hundeleben führen; aber laß gut sein, mein Alter; solange ich lebe, soll dir's nie am Beistand eines Freundes fehlen!« Wolf wedelte alsdann mit dem Schwanze, blickte mit ausdrucksvoller Miene seinem Herrn ins Gesicht, und wenn Hunde Mitleid empfinden können, so glaube ich wirklich, daß er dieses Gefühl von ganzem Herzen erwiderte.

Auf einer langen Streiferei solcher Art, an einem schönen Herbsttage, war Rip absichtslos zu einem der höchsten Teile der Catskillberge hinaufgeklettert. Er war mit seiner Lieblingsjagd, dem Eichhörnchenschießen, beschäftigt, und die stillen Einöden hatten den Knall seiner Flinte vielfach widerhallen lassen. Keuchend und ermüdet warf er sich spät am Nachmittag auf einem grünen, mit Bergkräutern bedeckten Hügel nieder, welcher die Kante eines steilen Abhangs krönte. Durch eine Öffnung zwischen den Bäumen konnte er das reiche Waldland der Gegend unten meilenweit übersehen. In der Ferne erblickte er den stattlichen Hudson, welcher weit, weit unter ihm in seinem schweigenden, aber majestätischen Laufe hinglitt, etwa eine purpurne Wolke widerspiegelte oder das Segel eines stilliegenden Bootes zeigte, das hier und dort auf seiner gläsernen

Fläche ruhte, und sich zuletzt in dem blauen Hochlande verlor.

Auf der andern Seite sah er hinab in eine tiefe Bergschlucht, wild, einsam, zerrissen, am Boden mit Bruchstücken der überhängenden Klippen angefüllt und nur dürftig durch den Widerschein der sinkenden Sonne beleuchtet. Sinnend lag Rip eine Zeitlang auf dieser Stelle; der Abend rückte allmählich vor; die Berge begannen ihren langen blauen Schatten über die Täler zu werfen; er sah, daß es längst finster sein würde, bevor er das Dorf erreichen könnte, und er hauchte einen schweren Seufzer aus, wenn er daran dachte, wie er den Zornausbrüchen der Frau van Winkle begegnen sollte.

Als er im Begriff war hinabzusteigen, hörte er in der Ferne den Ruf einer Stimme: »Rip van Winkle! Rip van Winkle!« Er blickte umher, konnte jedoch nichts sehen, außer einer Krähe, die einsam über den Berg hinflog. Er meinte, seine Einbildungskraft müßte ihn getäuscht haben, und schickte sich bereits wieder zum Hinabsteigen an, als er den nämlichen Ruf durch die stille Abendluft schallen hörte: »Rip van Winkle! Rip van Winkle!« Zu gleicher Zeit sträubte Wolf sein Rückenhaar, ließ ein leichtes Knurren hören, schlich an seines Herrn Seite und blickte scheu in die Schlucht hinab. Rip fühlte sich jetzt von einer unerklärlichen Bangigkeit beschlichen; besorgt blickte er in der nämlichen Richtung hinunter und gewahrte eine seltsame Gestalt, die sich langsam die Felsen heraufarbeitete und sich unter der Last eines Gegenstandes beugte, den sie auf dem Rükken trug. Er war überrascht, an diesem einsamen und unbesuchten Orte ein menschliches Wesen zu sehen; doch in der Voraussetzung, es sei jemand aus der Gegend, der seiner Hilfe bedürfe, eilte er hinab, um dieselbe zu gewähren.

Als er näher kam, ward er noch mehr überrascht durch das sonderbare Äußere des Fremden. Er war ein kurzer, breitgebauter alter Bursche mit dickem, buschigem Haar und ins Graue spielendem Barte. Seine Bekleidung war nach der altertümlichen holländischen Mode: ein um die Taille festgeschnalltes Tuchwams; verschiedene Paar Hosen, das äußere von großer Weite, verziert mit Knopfreihen längs den Seiten hinab und mit Büscheln an den Knien. Auf seiner Schulter trug er ein tüchtiges Fäßchen, welches Getränke zu enthalten schien, und er gab Rip Zeichen, sich zu nähern und ihm die Last tragen zu helfen. Obwohl ziemlich scheu und mißtrauisch gegen diese neue Bekanntschaft, zeigte sich Rip doch mit seiner gewöhnlichen Munterkeit bereitwillig. Gegenseitig einander unterstützend, kletterten sie eine enge Kluft empor, welche das trockene Bett eines Bergstromes zu sein schien. Während sie so stiegen, hörte Rip dann und wann lange rollende Töne, gleich fernem Donner, die aus einer tiefen Schlucht oder vielmehr Spalte zwischen hohen Felsen, gegen welche ihr rauher Pfad hinführte, hervorzudringen schienen. Er blieb einen Augenblick stehen; aber in der Meinung, es sei das Grollen eines jener oft auf Berghöhen stattfindenden vorübergehenden Gewitterschauer, schritt er weiter. Durch die Schlucht vorwärtsschreitend, gelangten sie in eine Höhlung, die, einem kleinen Amphitheater gleichend, von senkrechten Abhängen umgeben war, über deren Ränder überhängende Bäume ihre Äste streckten, so daß man von dem blauen Himmel und der schimmernden Abendwolke nur einzelne Blicke gewinnen konnte. Die ganze Zeit über hatten Rip und sein Gefährte sich schweigend vorwärts gearbeitet, denn der erstere verwunderte sich höchlich und sann, wozu man ein Branntweinfäßchen auf diesen wilden Berg tragen könnte; doch war etwas Seltsames und Unbegreifliches im Wesen des Unbekannten, was Furcht einflößte und keine Vertraulichkeit gestattete.

Als man das Amphitheater betrat, zeigten sich neue Gegenstände des Staunens. Auf einer ebenen Stelle in der Mitte war eine Gesellschaft seltsam aussehender Personen beim Kegelspiel. Sie waren nach einer auffälligen fremden Mode gekleidet; einige trugen kurze Wämser, andere Jacken, mit langen Messern in ihren Gürteln, und die meisten hatten ungeheure Hosen, ähnlich denen des Führers. Auch ihre Gesichter waren eigentümlich: einer hatte einen großen Kopf, breites Gesicht und kleine Schweinsaugen; das Gesicht eines zweiten schien ganz aus Nase zu bestehen und war von einem weißen, zuckerhutförmigen Hute überragt, den eine kleine rote Hahnfeder schmückte. Alle hatten Bärte von verschiedenen Formen und Farben. Einer der Männer schien der Häuptling zu sein. Er war ein großer alter Herr mit wettergebräuntem Gesicht; er trug ein betreßtes Wams, breiten Gürtel und Hirschfänger, Hut mit hoher Krempe und Feder, rote

Strümpfe und Schuhe mit hohen Absätzen und Rosetten. Die ganze Gruppe erinnerte Rip an die Figuren in einem alten niederländischen Gemälde, das sich im Wohnzimmer Herrn Van Schaicks, des Dorfpfarrers, befand und zur Zeit der

Ansiedelung von Holland herübergebracht worden war.

Besonders wunderlich kam es Rip vor, daß diese Leute, obwohl sie augenscheinlich einem Vergnügen oblagen, doch die ernsthaftesten Gesichter machten, das geheimnisvollste Schweigen beobachteten und überhaupt die melancholischste Lustpartie bildeten, die er jemals gesehen hatte. Nichts unterbrach die Stille der Szene, außer das Geräusch der Kugeln, welche, sooft sie rollten, längs den Bergen wie polternde Donnerschläge widerhallten.

Als Rip und sein Gefährte sich ihnen näherten, ließen sie plötzlich von ihrem Spiele ab und starrten ihn mit so stierem, bildsäulenartigem Blicke und so seltsamen, abenteuerlichen, glanzlosen Gesichtern an, daß sich ihm das Herz im Leibe wandte und seine Knie schlotterten. Sein Gefährte leerte nun den Inhalt des Fäßchens in große Flaschen und bedeutete ihm durch Zeichen, der Gesellschaft aufzuwarten. Er gehorchte mit Furcht und Zittern; sie schlürften das Getränk in tiefem Schweigen und kehrten dann zu ihrem Spiele zurück.

Nach und nach legte sich Rips Scheu und Furcht. Er wagte sogar, wenn kein Auge auf ihn gerichtet war, das Getränk zu kosten, dessen Geschmack ihn an den trefflichsten Wacholderbranntwein gemahnte. Er war von Natur eine durstige Seele und fühlte sich bald zu einem neuen Zuge versucht. Ein Schluck reizte jedesmal zu einem neuen, und er wiederholte seine Besuche zur Flasche so oft, daß seine Sinne endlich überwältigt wurden; seine Augen umnebelten sich, sein Haupt neigte sich allmählich, und er fiel in einen tiefen Schlaf.

Beim Erwachen fand er sich auf dem grünen Hügel, von wo aus er den alten Mann in der Talschlucht zuerst erblickt hatte. Er rieb sich die Augen – es war ein schöner sonniger Morgen. Die Vögel hüpften und zwitscherten in den Büschen, und der Adler kreiste hoch oben und badete die Brust in dem reinen Gebirgswinde. ›Sicherlich‹, dachte Rip, ›habe ich nicht die ganze Nacht hier geschlafen.‹ Er besann sich auf alles, was vor seinem Einschlafen geschehen war. Er gedachte des fremden Mannes mit dem Branntweinfäßchen, der Bergschlucht, des wilden

Ruheplatzes zwischen den Felsen, der traurigen Kegelgesellschaft, der Flasche – ›Oh! diese Flasche! diese verwünschte Flasche!‹ dachte Rip, ›was werde ich bei der Frau van Winkle zu meiner Entschuldigung vorbringen!‹

Er sah sich nach seiner Flinte um, aber anstatt der saubern, wohlgehaltenen Vogelflinte fand er ein altes Schießgewehr neben sich, mit verrostetem Laufe, wakkeligem Schlosse und wurmstichigem Schafte. Er argwöhnte nun, die finstern Kumpane des Berges möchten ihm einen Possen gespielt und ihn mit Branntwein eingeschläfert haben, um ihn seiner Flinte zu berauben. Auch Wolf war verschwunden, aber der konnte einem Eichhörnchen oder einem Rebhuhn nachgesprungen sein. Er pfiff nach ihm und rief seinen Namen, doch alles war vergebens; das Echo wiederholte sein Pfeifen und Rufen, aber kein Hund ließ sich sehen.

Er entschloß sich, den Schauplatz des Spieles vom letzten Abend wieder zu besuchen und, wenn er einen von der Gesellschaft traf, Hund und Flinte zu verlangen. Als er sich erhob, um zu gehen, fand er sich steif in den Gelenken, und die gewohnte Behendigkeit mangelte ihm. ›Diese Gebirgsbetten sind mir nicht zuträglich‹, dachte Rip, ›und wenn

mich dieser Spaß durch einen Anfall von Rheumatismus ins Haus bannen sollte, so würde ich eine gesegnete Zeit bei Frau van Winkle erleben.‹ Mit einiger Schwierigkeit gelangte er in die Schlucht hinab; er fand das Bett des Bergstroms, in welchem er mit seinem Gefährten am vorigen Abend hinaufgestiegen war; zu seinem Staunen schäumte aber jetzt wirklich ein Sturzbach darin herab, der von Fels zu Fels sprang und das Tal mit seinem lauten Geplätscher erfüllte. Er säumte jedoch nicht, an der Seite hinaufzuklettern, indem er sich mühselig Bahn machte durch Dickichte von Birken-, Sassefraß- und Haselbüschen und bisweilen durch die wilden Weinreben aufgehalten oder verwickelt ward, die ihre Sprossen und Zweige von Baum zu Baum schlangen und seinen Pfad mit einer Art von Netzwerk bedeckten.

Endlich erreichte er die Stelle, wo sich dies Strombett durch die Klippen nach dem Amphitheater geöffnet hatte; aber es war keine Spur einer solchen Öffnung mehr vorhanden. Die Felsen zeigten nur eine hohe, undurchdringliche Wand, über welche der Strom wie ein aus leichtem Schaume gewebter Überzug herniederfiel, um von einem breiten, tiefen Becken aufgefangen zu werden, welches vom Schatten des umgebenden Waldes schwarz erschien. Hier sah sich denn der arme Rip genötigt, haltzumachen. Er rief und pfiff aufs neue nach seinem Hunde; nur das Krächzen einer Schar müßiger Krähen antwortete ihm, die hoch oben um einen Baum schwärmten, welcher sich über einen sonnigen Abhang beugte; aus ihrer sichern Höhe schienen sie mit Spott auf die Bedrängnis des armen Mannes herabzublicken. Was war zu tun? Der Morgen entschwand, und Rip, der ohne Frühstück war, fühlte sich ausgehungert. Es schmerzte ihn, Hund und Flinte aufgeben zu müssen; er fürchtete die Begegnung seines Weibes; aber er konnte denn doch nicht auf dem Gebirge verhungern.

Er schüttelte den Kopf, legte das rostige Gewehr über die Schulter und lenkte, mit einem Herzen voll Unruhe und Besorgnis, seine Schritte heimwärts.

Als er sich dem Dorfe näherte, begegnete er einer Anzahl Leute, von denen er keinen kannte; dies überraschte ihn einigermaßen, denn er hatte gemeint, mit jedermann rings in der Gegend bekannt zu sein. Auch ihre Tracht unterschied sich von derjenigen, an welche er gewöhnt war. Sie starrten ihn gleichfalls alle mit Zeichen des Staunens an, und jedesmal, wenn sie den Blick auf ihn richteten, griffen sie an ihr Kinn. Die beständige Wiederkehr dieser Gebärde veranlaßte Rip, unwillkürlich das nämliche zu tun, und zu seinem Staunen fand er, daß sein Bart einen Fuß lang gewachsen war!

Er hatte nun das Innere des Dorfes betreten. Eine Schar fremder Kinder rannte hinter ihm drein, zischte ihn aus und wies auf seinen grauen Bart. Auch die Hunde, in deren keinem er einen alten Bekannten wiederzufinden vermochte, bellten ihn an, während er vorüberging. Das Dorf selbst war verändert, es war größer und volkreicher. Da standen Häuserreihen, die er nie zuvor gesehen hatte, und die ihm wohlbekannten Behausungen waren verschwunden. Fremde Namen waren über den Türen, fremde Gesichter an den Fenstern – alles war fremd. Er fing nun an, Unheil zu ahnen; er begann zu fürchten, daß beide, er und die Welt ringsum, behext wären. Sicherlich war das doch sein Heimatdorf, welches er erst am Tage zuvor verlassen hatte? Dort standen die Catskillberge; dort in der Ferne floß der silberne Hudson; jeder Hügel und jedes Tal zeigte sich genau so, wie es stets gewesen – Rip war ganz und gar verdutzt. ›Die Flasche gestern abend‹, dachte er, ›hat meinen armen Kopf recht arg verwirrt!‹

Mit einiger Schwierigkeit fand er den Weg zu seinem eigenen Hause, welchem er sich mit stummer Bangigkeit näherte,

denn jeden Augenblick erwartete er, die schrille Stimme der Frau van Winkle zu vernehmen. Er fand das Haus verfallen – das Dach eingesunken, die Fenster zerbrochen und die Türen aus den Angeln. Ein halbverhungerter Hund, der Wolf ähnlich sah, schlich dabei herum. Rip rief ihn beim Namen, aber die Bestie knurrte, wies die Zähne und ging vorüber. Das war freilich ein unfreundliches Benehmen.

»Mein eigner Hund«, seufzte der arme Rip, »hat mich vergessen!«

Er betrat das Haus, welches, die Wahrheit zu gestehen, von Frau Van Winkle stets in sauberer Ordnung gehalten worden war. Es war leer, verlassen und offenbar aufgegeben. Diese Verödung ließ ihn all seine ehelichen Befürchtungen vergessen, er rief laut nach seiner Frau und den Kindern – die vereinsamten Gemächer hallten einen Augenblick von seiner Stimme, und dann war alles wieder still.

Nun eilte er hinweg und schritt hastig nach seinem alten Zufluchtsorte, der Dorfschenke – aber sie war verschwunden. An ihrer Stelle stand ein verschrobenes hölzernes Gebäude mit großen, weiten Fenstern, deren einige zerbrochen und mit alten Hüten und Unterröcken ausgebessert waren; über der Türe las man: ›Unions-Hotel von Jonathan Thuwenig‹. Statt des großen Baumes, der das stille kleine holländische Wirtshaus von ehemals zu beschatten pflegte, war nun ein hoher, kahler Pfahl aufgerichtet, dessen Spitze etwas trug, das wie eine rote Nachtmütze aussah; und eine Fahne flatterte daran, die eine wunderliche Versammlung von Sternen und Streifen sehen ließ. Alles dies war seltsam und unbegreiflich. Auf dem Schild erkannte er jedoch das rote Gesicht des Königs George wieder, unter welchem er so manche friedliche Pfeife geraucht hatte; aber auch dieses war eigentümlich metamorphosiert. Der rote Rock war gegen einen blauen vertauscht, in der Hand befand sich statt eines Zepters ein Degen, den Kopf zierte ein aufgekrempter Hut, und unter dem Bilde stand mit großen Buchstaben: »General Washington«.

Wie gewöhnlich befanden sich vor der Türe eine Menge Leute, aber Rip sah keinen Bekannten darunter. Selbst der Charakter des Volks erschien verändert. Es herrschte ein geschäftiger, beweglicher, streitlustiger Ton unter ihnen, anstatt der gewohnten phlegmatischen und schläfrigen Ruhe. Umsonst suchte sein Blick den weisen Nicholas Vedder mit seinem breiten Gesicht, dem Doppelkinne und der schönen langen Pfeife, diesen Würdigen, welcher Tabakswolken statt müßiger Reden von sich gab; auch fehlte van Bummel, der Schulmeister, welcher den Inhalt einer alten Zeitung zum besten zu geben pflegte. An der Stelle dieser Männer hielt ein hagerer Mensch von galligem Aussehen heftige Reden über Bürgerrechte, Wahlen, Kongreßmitglieder, Freiheit, Bunkershill, Helden von Sechsundsiebzig und verschiedenes andere, was für den verwirrten van Winkle durchaus babylonisches Kauderwelsch war.

Die Erscheinung Winkles mit seinem langen grauen Barte, seiner rostigen Vogelflinte, seiner wunderlichen Tracht und der Armee von Weibern und Kindern, die sich hinter ihm gesammelt hatte, erregte bald die Aufmerksamkeit der Wirtshauspolitiker. Sie drängten sich um ihn her und betrachteten ihn vom Kopf bis zu den Füßen mit großer Neugier. Der Redner machte sich an ihn heran, zog ihn etwas beiseite und fragte, welcher Seite er seine Stimme gebe. Rip blickte wie versteinert, ohne die Frage zu begreifen. Ein anderer kleiner, aber sehr beweglicher Mann faßte ihn beim Arm, hob sich auf die Zehen und fragte ihn leise ins Ohr, ob er Föderalist oder Demokrat sei. Diese Frage verstand Rip ebensowenig; aber ein alter Herr voll Gewicht und Selbstbewußtsein, mit scharf aufgekremptem Hute, machte sich jetzt Bahn durch die Menge, indem er sie mit den Ellbogen rechts und links drängte, und pflanzte sich vor Rip auf. Einen Arm in die Seite gestemmt, den andern auf seinem Stocke ruhen lassend, fragte er, während seine stechenden Augen und sein scharfer Hut den Angeredeten gleichsam durchbohrten, in strengem Tone, was ihn mit einer Flinte auf der Schulter und einem Volkshaufen hinter sich her zu der Wahlversammlung brächte und ob er die Absicht hätte, einen Aufruhr im Dorfe anzustiften. – »Ach, meine Herren!« rief Rip, einigermaßen erschrocken, »ich bin ein armer, ruhiger Mann, aus dem Orte gebürtig und ein treuer Untertan des Königs, Gott segne ihn!«

Hier brachen die Umstehenden in ein allgemeines Geschrei aus: »Ein Tory! ein Tory! ein Spion! ein Refugié! Nieder mit ihm! Weg mit ihm!« Es wurde dem selbstbewußten, gewichtigen Manne mit dem gekrempten Hute sehr schwer, die Ordnung wiederherzustellen; aber nachdem er eine zehnfache Strenge in seine Miene gelegt, fragte er den unbekannten Schuldigen aufs neue, weshalb er hierher käme und wen er suche. Der arme Mann versicherte demütig, daß er nichts Übles beabsichtige, sondern nur käme, um einige seiner Nachbarn aufzusuchen, die sich bei der Schenke aufzuhalten pflegten.

»Gut; wer sind sie? – Nennt ihre Namen!«

Rip bedachte sich einen Augenblick und fragte dann: »Wo ist Nicholas Vedder?«

Es trat eine Pause des Schweigens ein, bis endlich ein alter Mann mit dünner, quiekender Stimme erwiderte: »Nicholas Vedder? Ei, der ist tot und hin seit achtzehn Jahren! Auf dem Kirchhofe war ein hölzerner Grabstein, der seine ganze Geschichte berichtete, aber der ist nun auch verfault und verschwunden.«

»Wo ist Brom Dutcher?«

»Oh, er zog mit der Armee fort im Anfange des Kriegs; einige sagen, er sei bei der Erstürmung von Stoney Point getötet worden; andere sagen, er sei in einem Sturme am Fuße von Anthony's Nose ertrunken. Ich weiß es nicht. Er ist nie wieder zurückgekommen.«

»Wo ist van Bummel, der Schulmeister?«

»Auch er ging in den Krieg, war ein großer Milizgeneral und ist jetzt im Kongreß.«

Rips Herz ward von Wehmut erfüllt, als er von diesen traurigen Veränderungen in seiner Heimat und unter seinen Freunden vernahm und sich so allein in der Welt fand. Überdies verwirrte ihn jede Antwort nur noch mehr, weil sie von so ungeheuren Zeiträumen und von Dingen sprach, die er nicht zu begreifen vermochte: Krieg – Kongreß – Stoney Point – er wagte nicht, ferner nach Freunden zu fragen, sondern rief in Verzweiflung aus: »Kennt denn niemand hier Rip van Winkle?«

»Oh, Rip van Winkle!« riefen zwei oder drei; »oh, freilich! das dort ist Rip van Winkle, der an dem Baume lehnt.«

Rip sah hin und erblickte ein genaues Ebenbild seiner selbst, wie er auf den Berg gegangen war; offenbar ebenso träge und jedenfalls ebenso zerlumpt. Der arme Schelm war nun vollständig verdutzt. Er bezweifelte seine eigene Identität und ob er Rip oder ein anderer Mann wäre. Während er so ganz verstört und verwirrt war, fragte ihn der Mann im aufgekrempten Hute, wer er wäre und wie er hieße.

»Gott weiß es«, rief er, denn er war mit seinem Witze zu Ende; »ich bin nicht ich selber – ich bin jemand anders – der dort bin ich – nein – der ist jemand anders, der in meine Hülle gekrochen ist – ich war gestern abend ich selber, aber ich schlief auf dem Berge ein, und sie haben meine Flinte vertauscht und alles vertauscht, und ich bin vertauscht und kann nicht sagen, wie ich heiße und wer ich bin!«

Die Umstehenden begannen nun einander anzusehen, bedeutsam zu winken und zu nicken und mit dem Finger auf ihre Stirn zu deuten. Auch ward geflüstert, man müßte die Flinte in Verwahrung nehmen und den alten Kerl verhindern, Unheil anzurichten; bei dieser bloßen Andeutung zog sich der gewichtige Mann im aufgekrempten Hute mit einiger Hast zurück. In diesem kritischen Augenblicke drängte sich ein munteres hübsches Weib durch die Menge heran, um den graubärtigen Mann zu sehen. Sie hatte ein derbes Kind auf dem Arme, welches, durch seinen Anblick erschreckt, zu schreien begann. »Still, Rip«, rief sie, »still, du Närrchen; der alte Mann wird dir nichts tun.« Der Name des Kindes, das Aussehen der Mutter, der Ton ihrer Stimme, alles erweckte eine Reihe von Erinnerungen in seiner Seele. »Wie heißt Ihr, gute Frau?« fragte er.

»Judith Gardenier.«

»Und Eures Vaters Name?«

»Ach, der arme Mann, sein Name war Rip van Winkle; zwanzig Jahre sind's, daß er mit seiner Flinte von Hause wegging, und nie hat man wieder von ihm gehört – sein Hund kam ohne ihn heim; aber ob er sich selber erschossen hat oder von den Indianern weggeführt worden ist, kann niemand sagen. Ich war damals nur ein kleines Mädchen.«

Rip hatte nur noch eine Frage übrig; aber er tat sie mit schüchterner Stimme:

»Wo ist Eure Mutter?«

»Ach, sie ist auch gestorben; es ist noch nicht lange her; es sprang ihr ein Blutgefäß, als sie über einen neuenglischen Hausierkrämer in Zorn geriet.«

In dieser Kunde war wenigstens ein Tropfen lindernden Balsams. Der ehrliche Mann vermochte sich nicht länger zu halten. Er umfing Tochter und Kind mit seinen Armen. »Ich bin euer Vater!« rief er; »einst der junge Rip van Winkle – der alte Rip van Winkle nun! – Kennt denn niemand den armen Rip van Winkle?«

Alle standen in Staunen versunken, bis ein altes Weib, aus der Menge hervorwankend, ihre Hand vor die Stirn hielt, darunter hervor ihm einen Augenblick ins Gesicht schaute und dann rief: »Ei, jawohl! es ist Rip van Winkle – er ist es selber! Willkommen wieder zu Hause, alter Nachbar! Ei, wo seid Ihr denn diese zwanzig langen Jahre gewesen?«

Rips Geschichte war bald erzählt, denn

die ganzen zwanzig Jahre waren für ihn nur eine einzige Nacht gewesen. Die Nachbarn staunten, als sie alles hörten; manche warfen einander Blicke zu und drückten in ihren Mienen Unglauben und Zweifel aus; der gewichtige Mann mit dem aufgekrempten Hute, welcher, sobald der Alarm vorüber, wieder ins

Feld gerückt war, zog die Winkel seines Mundes nieder und schüttelte den Kopf – darauf fand ein allgemeines Kopfschütteln in der ganzen Versammlung statt.

Man beschloß indes, die Meinung des alten Peter Vanderdonk zu vernehmen, den man langsam auf der Straße herankommen sah. Er war ein Nachkomme des gleichnamigen Historikers, welcher einen der frühesten Berichte über die Provinz geschrieben hat. Peter war der älteste Bewohner des Dorfes und wohlbewandert in allen wunderbaren Ereignissen und Traditionen der Gegend. Er erinnerte sich Rips sogleich und bestätigte seine Geschichte in der befriedigendsten Weise. Er versicherte der Gesellschaft, es sei eine von seinem Vorfahren, dem Historiker, berichtete Tatsache, daß auf den Catskillbergen stets seltsame Wesen gehaust hätten; es wäre ausgemacht, daß der große Hendrick Hudson, der erste Entdecker des Flusses und Landes, alle zwanzig Jahre dort mit seiner Mannschaft vom Halbmond eine Art Totenfeier halte und auf diese Weise die Schauplätze seines Unternehmens wieder besuchen und ein wachsames Auge auf den Fluß und die große nach seinem Namen benannte Stadt haben dürfte. Sein Vater hätte sie einst in ihrer alten holländischen Tracht in einer Höhlung des Berges Kegel schieben sehen, und er selber hätte an einem Sommernachmittag das Rollen ihrer Kugeln gleich einem fernen Donner vernommen.

Um es kurz zu machen, die Gesellschaft ließ den Gegenstand ruhen und kehrte zu den wichtigern Angelegenheiten der Wahl zurück. Rips Tochter nahm den Vater mit nach Hause, um ihn bei sich zu behalten; sie besaß ein hübsches, wohleingerichtetes Haus, und ihr Mann war ein kräftiger, aufgeräumter Farmer, in welchem Rip einen der kleinen Buben wiedererkannte, die sich ihm auf den Rücken zu hängen pflegten. Was Rips Sohn und Erben betraf, sein Ebenbild, den man am Baume lehnen sah, so war dessen Beruf, auf der Farm zu arbeiten; er gab jedoch eine angeerbte Neigung kund, sich eher um alles andere als um sein Geschäft zu bekümmern.

Rip nahm nun seine alten Gänge und Gewohnheiten wieder auf; er machte bald wieder so manchen seiner alten Bekannten ausfindig, die freilich alle im Laufe der Zeit keineswegs zum Bessern verändert waren; deshalb zog er es vor, unter der nachwachsenden Generation Freunde zu suchen, bei denen er bald in große Gunst kam.

Da er daheim nichts zu tun hatte und zu dem glücklichen Alter gelangt war, wo sich ein Mann ungestraft dem Nichtstun widmen darf, so nahm er seinen Platz wiederum auf der Bank vor der Wirtshaustür ein und ward als einer der Dorfpatriarchen und als lebendige Chronik der alten Zeiten ›vor dem Kriege‹ verehrt. Es währte einige Zeit, bevor er sich in den regelmäßigen Gang der Unterhaltung finden und die seltsamen Ereignisse begreifen konnte, die während seines Schlafes stattgefunden hatten, wie zum Beispiel, daß ein Revolutionskrieg stattgefunden hatte, daß das Land das Joch Altenglands abgeworfen hatte und daß er, anstatt ein Untertan Seiner Majestät König Georges III. zu sein, nunmehr ein freier Bürger der Vereinigten Staaten war. Rip war allerdings kein Politiker; die Veränderungen der Staaten und Reiche machten nur geringen Eindruck auf ihn; aber es gab eine Gattung des Despotismus, worunter er lange geseufzt hatte, nämlich – die Pantoffelherrschaft. Glücklich genug, daß die zu Ende war! Sein Nakken war vom Ehejoch erlöst, und er konnte aus- und eingehen, wenn's ihm gefiel, ohne die Tyrannei der Frau van Winkle zu fürchten. Sooft jedoch ihr Name genannt wurde, schüttelte er den Kopf, zuckte mit den Achseln und warf die Augen empor; was entweder für einen Ausdruck der Ergebung in sein Schicksal oder der Freude über seine Erlösung gelten konnte.

Er pflegte seine Geschichte jedem Fremden zu erzählen, der in Herrn Thuwenigs Hotel kam. Anfangs bemerkte man, daß er jedesmal beim Erzählen in einigen Punkten variierte, was ohne Zweifel daher kam, daß er erst unlängst aufgewacht war. Endlich gestaltete sich die Geschichte genau so, wie ich sie erzählt habe, und es gab in der Gegend weder Mann, Frau noch Kind, die sie nicht auswendig gewußt hätten. Einige erlaubten sich stets, die Wahrheit der Sache zu bezweifeln, und behaupteten, Rip hätte seinen Verstand verloren gehabt und wäre über diesen *einen* Punkt nie recht klar geworden. Die alten holländischen Einwohner aber schenkten ihm fast allgemein vollen Glauben. Noch bis auf diesen Tag sagen sie stets, wenn sie einen Gewittersturm an einem Sommernachmittag um den Catskill hören, daß Hendrick Hudson mit seiner Mannschaft beim

Kegelspiel sei, und alle unter dem Pantoffel stehenden Männer der Gegend wünschen sich stets, wenn ihnen das Leben einmal recht sauer gemacht wird, einen ruhespendenden Zug aus Rip van Winkles Flasche.

Bemerkung

Man könnte vielleicht meinen, Herrn Knickerbocker sei die Idee zu der vorstehenden Erzählung durch eine kleine deutsche Volkssage in betreff des Kaisers Friedrich Rotbart und des Kyffhäuserbergs geliefert worden; folgende Note jedoch, die er der Erzählung beigefügt hatte, zeigt, daß es sich um eine mit seiner gewohnten Treue erzählte unbedingte Tatsache handelt:

»Die Geschichte Rip van Winkles mag vielleicht vielen unglaublich erscheinen, ich aber schenke ihr trotzdem vollen Glauben, denn ich weiß, daß die Gegend der alten holländischen Niederlassungen sehr reich an wunderbaren Ereignissen und Erscheinungen gewesen ist. Ich habe auch wirklich in den Dörfern längs des Hudson viele noch seltsamere Geschichten als die obige erzählen gehört, und dieselben waren alle zu wohl beglaubigt, um einem Zweifel zu unterliegen. Zudem habe ich auch mit Rip van Winkle selbst gesprochen, welcher, als ich ihn das letzte Mal sah, ein sehr ehrwürdiger alter Mann und so vollkommen vernünftig und klar in betreff jedes andern Punktes war, daß wohl keine gewissenhafte Person umhin konnte, ihm auch in der hier berührten Angelegenheit Glauben zu schenken; ja ich habe sogar ein Zertifikat darüber gesehen, welches ein Dorfrichter ausgestellt und eigenhändig mit einem Kreuz unterschrieben hatte. Es ist daher unmöglich, an der Geschichte zu zweifeln.

D. K.«

DER KÜHNE DRAGONER

Mein Großvater war ein kühner Dragoner, denn das Kriegshandwerk liegt bei uns in der Familie. Alle meine Vorfahren waren Dragoner und starben auf dem Felde der Ehre – nur ich selbst schlage da aus der Art, und ich hoffe, meine Nachkommen werden dereinst von sich das gleiche behaupten können. – Allein, ich will nicht prahlen. Nun also, mein Großvater war ein kühner Dragoner, wie ich schon sagte, und hatte in den Niederlanden gedient. Er gehörte just zu jenem Heer, das in Flandern solch ein schreckliches Fluchen angehoben hatte. Er selbst konnte wohl auch weidlich wettern, und außerdem verstand er sich darauf, die giftigen Dünste brackigen Wassers durch scharfen Branntwein unschädlich zu machen. Aber sei dem wie immer, dies hat nichts mit dem eigentlichen Inhalt meiner Geschichte zu tun. Ich erwähne es nur als Erklärung dafür, daß man meinem Großvater nicht so leicht einen Streich spielen konnte. Er hatte im Kriegsdienst mancherlei gesehen, oder, um es mit seinen eigenen Worten auszudrücken: er war mit dem Teufel auf Du und Du – und das sagt wohl alles.

Je nun, mein Großvater befand sich auf dem Weg nach England, er wollte sich in

Ostende einschiffen. So ritt er einmal gegen Abend recht vergnügt in Brügge ein. Eine absonderliche, altmodische flämische Stadt, einst, während der Glanzzeit der Mijnheers, wie man hört, ein trefflicher Ort, um Handel zu treiben und Geld zu scheffeln, doch heutigentags fast so weit und so leer wie der Säckel eines Iren. Es war um die Zeit der alljährlichen Messe, ganz Brügge war voll von Menschen, auf den Kanälen schwammen, Kiel hinter Kiel, die holländischen Boote, und auf den Straßen drängten sich die holländischen Kaufleute. Mühsam mußte man sich seinen Weg durch ein Kunterbunt von feilgebotenen Waren aller Art bahnen. Und dazwischen überall Bauern in weiten Pumphosen samt ihren Frauen in einem Schock Unterröcke.

Mein Großvater ritt frohgemut dahin, in seiner lockeren, schneidigen Art, denn er war ein kecker, sonniger Bursche. Blickte um sich, auf das Gewimmel und zu den alten Giebelhäusern mit den Storchennestern über den Schornsteinen, winkte den Schönen, die ihre Gesichter in den Fenstern zeigten, und scherzte mit den Frauen, die ihm rechts und links auf der Straße begegneten. Alle lachten und zeigten sich überaus freundlich. Denn obgleich mein Großvater der fremden Sprache nicht mächtig war, hatte er seit jeher die Gabe, sich dem anderen Geschlecht verständlich zu machen.

Nun, da eben die Messe abgehalten wurde, waren alle Herbergen und Tavernen der Stadt voll, und mein Großvater bemühte sich vergebens, da oder dort Quartier zu finden. Schließlich kam er zu einer alten, verfallenen Schenke, die so aussah, als wolle sie jeden Augenblick aus den Fugen gehen. Alle Ratten wären wohl schon längst davongestoben, wenn sie irgendwo anders Unterschlupf gefunden hätten. Es war just eines jener seltsamen Bauwerke, wie man sie auf niederländischen Gemälden sieht, mit einem hohen Giebel, der bis in die Wolken reichte, und vielen Dachgeschossen, einem über dem anderen, wie die sieben Himmel Mohammeds. Nur das Storchennest auf dem Schornstein bewahrte den Bau vor dem Einsturz, denn solch ein Nistplatz bedeutet in den Niederlanden für ein Haus immer Glück und Segen. Als mein Großvater ankam, standen gerade zwei dieser langbeinigen, anmutigen Vögel schemengleich auf dem Kamin. Meiner Treu, sie haben das Haus bis zum heutigen Tag aufrechtgehalten; wer Brügge durchstreift, kann sich davon überzeugen, es steht noch immer auf dem nämlichen Platz, nur wurde es mittlerweile zu einer Brauerei für flämisches Starkbier umgewandelt – zumindest war es so, als ich nach der Schlacht von Waterloo dort vorbeikam.

Neugierig beäugte mein Großvater im Näherreiten diese Schenke. Er hätte sie wohl kaum beachtet, wäre nicht über der Tür in großen Buchstaben zu lesen gewesen:

HIER VERKOOPT MEN
GOEDEN DRANK

Er verstand genug Niederländisch, um zu wissen, daß dieses Schild guten Schnaps verhieß. »Das ist das Haus für mich«, sagte er und hielt vor dem Eingang an.

Das plötzliche Erscheinen eines schneidigen Dragoners war für die alte Schenke, die sonst nur von friedlichen Handelsbeflissenen besucht wurde, ein Ereignis. Neben der Türe saß, mit breitkrempigem flämischem Hut, ein reicher Bürger aus Antwerpen, der ein großer Herr und geachteter Stammgast des Hauses war, und rauchte seine lange, blanke Pfeife. Auf der anderen Seite saß, gleichfalls rauchend, ein kleiner, dicker Geneverbrenner aus Schiedam. Der knollennasige Wirt lehnte in der Tür, die anmutige Wirtin in gefältelter Haube stand neben ihm. Und die Wirtstochter, ein dralles, flandrisches Mädchen mit langen goldenen Ohrgehängen, blickte aus einem Fenster.

»Hm!« machte der reiche Bürger aus Antwerpen mit einem ärgerlichen Blick auf den Fremden.

»De duyvel!« sagte der kleine, dicke Geneverbrenner aus Schiedam.

Der Patron sah mit dem geübten Blick des Herbergswirtes, daß dieser klirrende Neuankömmling seinen Gästen ganz und gar nicht behagte. Und, um die Wahrheit zu vermelden, die kecken Augen meines Großvaters gefielen ihm gar nicht. Er schüttelte den Kopf. »Nicht einmal ein Dachkämmerlein ist frei.«

»Nicht einmal ein Dachkämmerlein!« klang es als Echo von der Wirtin.

»Nicht einmal ein Dachkämmerlein!« wiederholte auch die Wirtstochter.

Der Bürger von Antwerpen und der kleine Geneverbrenner aus Schiedam sogen verdrossen an ihren Pfeifen, sahen den Störenfried unter ihren großen Hüten hervor an, sagten aber nichts.

Mein Großvater war keineswegs der Mann, sich einschüchtern zu lassen. Er warf die Zügel auf den Hals seines Pferdes, legte den Kopf schief und stemmte den Arm in die Hüfte. »Topp!« sagte er, »Ich werde *diese* Nacht in *diesem* Haus verbringen!« Und während er dies sagte, schlug er sich zur Bekräftigung auf den Schenkel – dieser Schlag rührte an das Herz der Wirtin.

Er ließ seinen Worten die Tat folgen, indem er vom Pferd sprang und an den starr dreinblickenden Mijnheers vorbei schnurstracks in die Stube trat. Auf Ehre, es war ein hübscher Raum, wie man ihn sich nur wünschen konnte! Der Fußboden aus Fliesen, der Kamin gewaltig breit, mit der ganzen biblischen Geschichte auf glasierten Kacheln – und dann das Kaminsims, das aus der Mauer ragte, darauf ein veritables Regiment zerbrochener Teetöpfe und irdener Krüge in Paradeaufstellung. Ganz zu schweigen von einem halben Dutzend großer Delfter Teller, die statt Bildern an den Wänden hingen. Und der Schanktisch in der Ecke, dahinter ein rühriges, schmuckes Schankmädchen mit roter Kalikohaube und gelben Ohrgehängen!

Mein Großvater blickte umher und schnippte mit den Fingern. »Auf Ehre, dies ist just das Haus, das ich gesucht habe«, sprach er.

Die Besatzung leistete zwar noch schwach Widerstand, aber mein Großvater als alter Soldat und echter Ire war nicht so leicht zurückzuschlagen, besonders wenn er einmal in der Festung Fuß gefaßt hatte. Er bramarbasierte mit dem Wirt, gab der Wirtin einen Schmatz, schäkerte mit der Wirtstochter und tätschelte dem Schankmädchen das Kinn. So war man sich bald einig darüber, daß es ewig schade und eine Schande obendrein wäre, solch einen kühnen Dragoner wieder auf die Straße zu weisen. Sie steckten also die Köpfe zusammen, nämlich mein Großvater und die Wirtin, und man kam schließlich überein, ihm eine alte Kammer, die seit langem versperrt war, recht angenehm für die Nachtruhe zu bereiten.

»Man sagt, es spuke drin«, flüsterte die Wirtstochter, »aber Ihr seid ein kühner Dragoner, und ich wette, daß Ihr Euch vor Gespenstern nicht fürchtet.«

»Vor dem Teufel ein wenig!« erwiderte mein Großvater und kniff sie in die feiste Wange. »Doch wenn ich von Geistern behelligt werden sollte – ich war am Roten Meer und weiß ein probates Mittel, sie zu verscheuchen, mein Herz.« Und dann flüsterte er dem Mädchen etwas ins Ohr, worauf es zu lachen begann und ihm einen scherzhaften Backenstreich verabreichte. – Kurzum, es gab niemanden, der sich besser darauf verstand, mit den Unterröcken sein Spiel zu treiben, als mein Großvater.

Nach einer kleinen Weile hatte er, wie es seine Art war, vom Haus völlig Besitz ergriffen und ließ sich überall blicken. Im Stall, um nach seinem Pferd, in der Küche, um nach seinem Mahl zu sehen. Mit jedem hatte er etwas zu reden oder zu schaffen. Er rauchte mit den Holländern, trank mit den Deutschen, schlug den Wirt auf die Schulter, tollte mit dessen Tochter und dem Schankmädchen – wann hatte man je solch einen edlen, fröhlichen Krieger gesehen? Der Wirt glotzte ihn staunend an, die Wirtstochter senkte den Kopf und kicherte, sobald er in ihre Nähe kam. Und wenn er durch den Korridor stolzierte und den rasselnden Pallasch nachschleppte, dann blickten sich die Mägde um und seufzten: »Welch ein prächtiger Mann!«

Bei Tisch übernahm mein Großvater den Vorsitz, als sei er hier zu Hause. Teilte jedem zu, vergaß sich selbst nicht, sprach mit allen, wenngleich er ihre Reden kaum verstand, und gewann sogar das Vertrauen des reichen Bürgers aus Antwerpen, von dem man wohl wußte, daß er sonst keineswegs sehr umgänglich war. Mit einem Wort: mein Großvater stellte das ganze Haus auf den Kopf! Beim Zechen hatte er festeres Sitzfleisch als alle anderen, außer dem kleinen, dicken Brenner aus Schiedam. Der hockte lange Zeit still bechernd da, ehe er auftaute. Doch wenn es einmal soweit war, dann ritt ihn der Teufel. Zu meinem Großvater faßte er eine überschwengliche Zuneigung. So saßen schließlich die beiden allein bei Tisch, tranken, rauchten, erzählten Geschichten, sangen niederländische und irische Lieder, ohne daß einer ein Wort von dem verstand, was der andere sagte, bis den kleinen Holländer sein eigener Wacholdergeist übermannte und er sich, grölend und rülpsend und den Kehrreim eines niederländischen Liebesliedes vor sich hinbrummend, davontrollte, seinem Bette zu.

Mein Großvater ließ sich zu seinem Nachtquartier führen, eine breite Treppe aus behauenen Stämmen hinauf und durch lange, abenteuerliche Gänge mit nachgedunkelten Gemälden von Fischen, Früchten und Wildbret, ländlichen Kirmessen, weitläufigen Küchen und würdevollen Bürgermeistern, wie man sie eben in altertümlichen flämischen Herbergen sieht. Endlich stand er vor seiner Kammer.

Der Raum war mit Gerümpel aller Art angefüllt und sah aus wie ein Asyl für morschen, abgetanen Hausrat, wohin alles Schadhafte oder Unbrauchbare geschafft wurde, um dort zu verschimmeln und vergessen zu werden. Ebensogut hätte es als eine Generalversammlung alter, einstmals hochgeschätzter Möbel gelten können, bei der jede Gattung und jedes Land einen Repräsentanten hatte. Nicht *zwei* Stühle waren gleich! Da gab's hohe Lehnen, niedere Lehnen, lederne Sitze, gewebte Sitze, Strohsitze und gar keine Sitze, auch zersprungene Marmortische mit seltsam geschnitzten Beinen, die Bälle in den Klauen hielten, als wollten sie kegelschieben.

Mein Großvater machte bei seinem Eintritt diesem wirr übereinander geworfenen Krimskram eine Verbeugung, und als er sich entkleidet hatte, stellte er sein Nachtlicht in den Kamin, bat auch die Feuerzangen um Vergebung, denn diese schienen sich in Liebe um die Schaufel in der Kaminecke zu bemühen und ihr zärtlichen Unsinn zuzuflüstern.

Die übrigen Gäste lagen um diese Zeit längst in tiefem, gesundem Schlaf, denn Mijnheers sind wackere Schläfer. Eine Magd nach der anderen kletterte gähnend zu ihrer Dachkammer empor. Und kein weiblicher Kopf ruhte in dieser Nacht in der Herberge auf einem Kissen, ohne von dem kühnen Dragoner zu träumen!

Auch mein Großvater ging zu Bett und zog einen jener gewaltigen Daunensäcke über sich, mit denen man in den Niederlanden einen Menschen sorglich zudeckt, als sei's für die Ewigkeit. Da lag er nun wie die Wurst zwischen zwei Brotscheiben. Er war ein vollblütiger Mann und vermeinte bald, unter dieser Federnlast ersticken zu müssen, er fühlte sich wie von Scharen von Kobolden gestochen und gekniffen, und das Blut in seinen Adern geriet in Fieberhitze.

Dennoch blieb er unbeweglich liegen, bis es im ganzen Haus still war und nur die schnarchenden Mijnheers einander in allen Tonarten antworteten wie Ochsenfrösche in einem Sumpf. Je stiller es im Haus wurde, desto unruhiger wurde mein Großvater, so entsetzlich schwitzte er. Schließlich hielt er es im Bett nicht mehr aus.

»Auf Ehre, das ist ja eine Folter!« sagte er, sprang heraus und begann durch das Haus zu streunen. Um sich abzukühlen jedenfalls – oder vielleicht, um ein angenehmeres Lager zu suchen – oder möglicherweise... Aber es ist ja einerlei, was ihn bewog, darüber sprach er nie, und es hat keinen Sinn, mit Mutmaßungen die Zeit zu vergeuden.

Nun, nach einer Weile kehrte er völlig erfrischt zu seiner Kammer zurück. Als er eben die Tür erreichte, hörte er von drinnen seltsame Geräusche. Er hielt inne und lauschte. Es klang, als bemühe sich jemand, trotz asthmatischer Nöte eine Melodie zu summen. Meinem Großvater fiel wieder ein, daß es in diesem Raum nicht geheuer sei, aber er glaubte nicht an Gespenster, darum öffnete er sacht die Tür und guckte hinein.

Ei, da gab es ein Hüpfen und Springen, daß selbst der heilige Antonius ins Staunen gekommen wäre! Beim Schein des Feuers sah mein Großvater einen blassen Gesellen mit runzligem Gesicht, in einem langen Nachthemd aus Flanell und auf dem Kopf eine hohe weiße Nachtmütze mit einer Troddel dran. Der saß beim Kamin und hatte einen Balg unter dem Arm, gleich einem Dudelsack, aus dem er diese asthmatische Musik herauspreßte, die meinen Großvater so wunderlich dünkte. Während er spielte, verrenkte er die Glieder auf ganz greuliche Weise und nickte mit dem Kopf, daß die troddelgezierte Nachtmütze wackelte.

Meinem Großvater kam dies sehr sonderbar und dreist vor, und er war nahe daran, den Kerl zu fragen, was ihm denn einfiele, im Gemach eines fremden Herrn auf seinem kuriosen Blasinstrument herumzuquäken – da bot sich plötzlich ein

unsagbar närrisches Bild seinem verblüfften Blick: ein hochlehniger, krummbeiniger Stuhl, mit Leder überzogen und auf geckenhafte Art überall mit kleinen Messingnägeln beschlagen, kam jählings in Bewegung, streckte zuerst ein Klauenbein vor – dann eine geschweifte Armlehne, machte einen Kratzfuß – glitt schließlich graziös auf einen Fauteuil aus verblichenem, zerschlissenem Brokat mit einem Loch in der Sitzfläche zu und führte diesen galant in einem geisterhaften Menuett über die Bohlen.

Der Musikus dudelte nun immer wilder und drehte seinen Kopf samt der Nachtmütze wie wahnwitzig. Nach und nach schien die Tanzwut auch alle anderen Möbel zu packen. Die alten hohen Stühle fanden sich zu Paaren und stampften einen Ländler. Ein dreibeiniger Sessel tanzte einen Seemannstanz, obwohl ihm das überzählige Bein dabei ganz schrecklich hinderlich war. Die liebestollen Feuerzangen faßten die Schaufel um die Mitte und wirbelten sie gar im Walzertakt herum. Binnen kurzem waren alle Möbel in Bewegung. Sie drehten sich und wiegten sich, einmal hin, einmal her, einfach teuflisch! Alle, alle, außer einer großen Kleidertruhe, die wie eine Matrone in ihrer Ecke genau im Rhythmus auf- und niederschlingerte. Entweder war sie zu gewichtig zum Tanzen, oder es fehlte eben an einem Kavalier.

Mein Großvater nahm letzteres an. Als echter Ire dem schönen Geschlecht zugetan und jederzeit zu einem Scherz bereit, polterte er in das Zimmer, rief dem Musikus zu, er möge den ›Paddy O'Rafferty‹ aufspielen, sprang übermütig auf die Kleidertruhe zu und faßte deren beide Griffe, um sie auf den Tanzboden zu führen, als – huiii! – der ganze Hexensabbat zu Ende war. Die Tische, Stühle, Zangen und auch die Schaufel schlüpften behende auf ihre Plätze und standen dort so reglos, als sei nichts geschehen. Der Musikus verschwand im Kamin und ließ in seiner Eile den Balg zurück. Mein Großvater fand sich in der Mitte des Raumes sitzend, mit der Kleidertruhe vor der Nase und den beiden abgerissenen Griffen in den Händen.

Nun, da die Kleidertruhe ein mächtig schweres Stück war und mein Großvater desgleichen, besonders um die Sitzfläche herum, kann jeder leicht ermessen, daß es ein wenig Lärm machte, als diese zwei Kolosse so jählings den Boden berührten. Auf Ehre, das alte Gebäude wankte, als rüttle ein Erdbeben an den Grundfesten. Die gesamte Besatzung wurde alarmiert. Der Wirt, der im Erdgeschoß schlief, stürmte mit einer Kerze treppauf, um Nachschau zu halten. Aber trotz seiner Hast war seine Tochter früher am Schauplatz des nächtlichen Aufruhrs angelangt. Dem Wirt folgte die Wirtin, ihr folgte das hurtige Schankmädchen, diesem folgten die zierlichen, verschämten Stubenmädchen, alle nur spärlich bekleidet und ihre Blößen bedeckend, so gut es ging. Sie waren ja in schrecklicher Eile, um zu sehen, was zum Teufel sich in der Kammer des kühnen Dragoners ereignet habe!

Mein Großvater berichtete von seinem wunderlichen Erlebnis, und die abgebrochenen Griffe der umgekippten Truhe gaben Zeugnis dafür. Da solch greifbare Beweise vorhanden waren, schien es nicht ratsam, an der Erzählung des Kriegers zu zweifeln, denn Kerle dieses Schlages würden wohl jedes Wort mit ihren harten Fäusten, wenn nicht gar mit dem Schwert bekräftigen. Darum kratzte sich der Wirt nur am Kopf und machte ein dummes Gesicht – wie immer, wenn ihm etwas rätselhaft war. Die Wirtin kratzte – nein, sie kratzte sich nicht am Kopf, sondern furchte die Stirn, denn diese Erklärung des Vorfalls leuchtete ihr nicht ganz ein. Aber die Wirtstochter legte sich sogleich ins Mittel und erinnerte daran, daß der letzte Bewohner dieser Kammer, ein berühmter Gaukler, am St.-Veits-Tanz verstorben war und gewißlich die ganze Einrichtung behext hatte.

Dies brachte alles wieder ins rechte Lot, besonders als die Kammermädchen versicherten, sie hätten bereits des öfteren seltsame Umtriebe in jenem Raum beobachtet. Und da sie das bei ihrer jungfräulichen Ehre beteuerten, war jeglicher Zweifel aus der Welt geschafft.

»Ist dein Großvater wieder in dieser Stube zu Bett gegangen?« wird der geneigte Leser nun fragen.

Und ich muß antworten: Darüber weiß ich zu meinem größten Bedauern keine Auskunft. Wo er den Rest der Nacht verbrachte, war ein Geheimnis, das er niemals preisgab. Im Vertrauen gesagt: Obzwar er lange Jahre im Kriegsdienst stand, war er in der Geographie nicht sonderlich beschlagen, mithin ist es wohl denkbar, daß er in einer Herberge nächtlicherweise den rechten Weg verfehlte...

DER DICKE HERR

»Ich tret' ihm entgegen,
und sollt' es mich verderben«

Horatio in HAMLET

Es war an einem verregneten Sonntag im trüben Monat November. Im Verlauf einer Reise hatte ich mir eine leichte Unpäßlichkeit zugezogen, von der ich mich nun erholte. Da ich noch immer ein wenig fieberte, sah ich mich gezwungen, einen weiteren ganzen Tag innerhalb von vier Wänden zu verbringen, und zwar in einem Gasthof der kleinen englischen Stadt Derby.

Ein regennasser Sonntag in einem Landgasthof!

Nur wer das sehr zweifelhafte Vergnügen hatte, derartiges einmal selbst zu erleben, kann sich in meine Lage versetzen. Der Regen prasselte gegen die Scheiben. Die Glocken riefen mit klagendem Schall zum Gottesdienst. Um wenigstens etwas dem Auge Angenehmes zu erblicken, trat ich ans Fenster. Doch es schien, als sei ich von allen Freuden der Welt ausgeschlossen. Die Fenster meines Schlafraumes gingen auf schindelgedeckte Dächer und ein Gewirr von Schornsteinen, die meines Wohnzimmers gaben den Blick auf den Hof samt den Stallungen frei. Ich weiß nichts, was mehr dazu angetan wäre, einen Menschen weltverneinend zu stimmen, als solch ein Hof an einem Regentag. Auf dem Boden lag überall nasses Stroh, von

Reisenden und Stallburschen achtlos verstreut und zertreten. In einem Winkel hatte sich das Wasser rund um eine Insel aus Mist zu einem kleinen Tümpel gestaut. Unter einem Karren drängte sich zerzaustes Federvieh, dem Hahn hatte der beständige Guß allen Stolz ausgelaugt und alle Lebhaftigkeit davongespült. Ganz erbärmlich war er anzusehen, sein klatschnasser Schwanz war traurig gesenkt, und das Wasser, das dem Tier über den Rücken lief, tropfte davon herab. Neben dem Karren stand eine Kuh und ließ sich, im Dösen wiederkäuend, geduldig anregnen, daß Dampfwolken von ihrer warmen Haut aufstiegen. Ein altes, halbblindes Pferd, der Einsamkeit seines Stalles überdrüssig, steckte den Kopf mit den unheimlich stumpfen, milchigen Augen aus einer Luke. Regen rieselte aus einer Dachtraufe über seine Nüstern. Ein jämmerlicher Köter, der dicht daneben an eine Hundehütte gekettet lag, ließ hin und wieder ein klägliches Jaulen hören.

Eine Küchenmagd, ein derbes Weibsstück, klapperte in Holzpantoffeln durch den Hof, mit einem Gesicht so ungemütlich wie das Wetter selbst. Kurzum: alles war trostlos und elend, alles bis auf einen Trupp wetterharter Enten, die wie muntere Zechbrüder um eine Pfütze versammelt waren und bei ihrem trüben Naß einen Heidenlärm machten.

Ich fühlte mich verloren, in meiner Verdrossenheit lechzte ich nach ein wenig Zerstreuung. Mein Zimmer wurde mir bald unerträglich. Ich verließ es und begab mich in jenen Raum, der in der Zunft die Passagierstube genannt wird. Diese ist in den meisten Gasthöfen zu finden und jener Sorte von Landfahrenden vorbehalten, die man als Handelsreisende bezeichnet. Emsig durchstreifen sie zu Wagen, zu Pferd oder in der Postkutsche das Königreich und sind heutigentags meines Wissens die einzigen Nachfolger jener fahrenden Ritter vergangener Zeiten. Sie führen das gleiche unstete, abenteuerliche Leben, nur haben sie die Lanze mit der Reitpeitsche vertauscht, den Schild mit der Musterkarte und den Kettenpanzer mit dem bequemen Reisemantel. Statt die unvergleichliche Schönheit einer hohen Frau zu preisen und zu Ehren ihrer Minneherrin das Schwert zu schwingen, ziehen sie beflissen und geschäftig ihrer Wege, verbreiten und festigen den guten Ruf eines Kaufmanns oder Fabrikanten und sind zu allen Zeiten bereit, in seinem Namen Abschlüsse zu tätigen. Denn mittlerweile ist es eben Brauch geworden, miteinander zu handeln, statt zu fechten.

Ebenso wie der Raum einer Herberge in den guten alten Tagen der grimmen Sträuße zur Nachtzeit mit dem Gewaffen wegemüder Krieger behängt war, mit Kettenhemden, Schwertern und Helmen mit gähnenden Visieren, prangt nun in der Passagierstube das Rüstzeug ihrer Nachfolger: Kutscherkragen, Peitschen aller Art, Sporen, Gamaschen und Hüte in Wachstuchhüllen.

Ich hatte gehofft, einige dieser ehrenwerten Herren anzutreffen und ein Gespräch beginnen zu können, aber ich wurde enttäuscht. Es waren wohl ihrer zwei oder drei anwesend, doch mit ihnen wußte ich nichts anzufangen. Einer beendete soeben sein Frühstück, kaute mißvergnügt an seinen Butterbroten und schalt mit dem Kellner. Ein anderer knöpfte seine Gamaschen zu, unter vielen Verwünschungen für den Stiefelputzer, der seine Schuhe nicht ordentlich gewichst hatte. Der dritte saß beim Tisch, trommelte mit den Fingern auf der Platte und glotzte in den Regen, der über die Scheiben herabströmte. Sie schienen alle vom Wetter angesteckt und verschwanden einer nach dem anderen, ohne auch nur ein Wort gewechselt zu haben.

Müßig ging ich zum Fenster und starrte traumverloren die Leute an, die, mit Unterröcken bis zum halben Bein emporgerafft und tropfenden Schirmen, zur Kirche stelzten. Die Glockentöne verklangen, auf den Straßen wurde es still. Sodann vergnügte ich mich damit, die Töchter des Kaufmanns von gegenüber zu beobachten. Sie waren lieber zu Hause geblieben, weil sie fürchteten, ihren Sonntagsstaat zu verderben. Nun zeigten sie sich in ihrem ganzen Reiz in den Fenstern, um die zufälligen Bewohner des Gasthofes zu betören. Aber schließlich wurden sie von der strengen, sauertöpfisch dreinsehenden Mutter verscheucht, und jetzt hatte ich von der Außenwelt keine Ablenkung und Aufheiterung mehr zu gewärtigen.

Was sollte ich nur tun, um diesen langen, langen Tag auszufüllen?

Ich war meiner nervösen Unruhe und Einsamkeit rettungslos ausgeliefert. Alles, aber auch alles in solch einem Gasthof scheint eigens dazu erdacht, einen tristen Tag noch zehnmal trister zu machen! Alte Zeitungen, die nach Bier und Tabakrauch rochen und die ich bereits fast auswendig kannte. Wertlose Bücher, schlechter noch als das schlimmste Regenwetter. Ich langweilte mich bei einer alten Nummer des ›Lady's Magazine‹ fast zu Tode. Ich las all die nichtssagenden, gebräuchlichen Namen, die geltungssüchtige Reisende auf die Glasscheiben graviert hatten. Oh, diese unsterblichen Familien der Smiths, Browns, Jacksons, Johnsons und all der anderen -sons! Und ich entzifferte einige Zeilen jener abgeschmackten Gasthoffenster-Reimerei, die ich in allen Teilen der Welt gefunden habe.

Trostlos ging der Tag weiter. Schleppend und schwer zog die mißfarbige, schwammige Wolke dahin. Nicht einmal im Rhythmus des Regens gab es einen Tempowechsel – ein einziges, ödes, ständiges monotones Prassel-Prassel-Prassel... Hin und wieder horchte ich auf, glaubte, es käme ein kräftiger Schauer – aber es war nur das Sprühen der Tropfen auf einem vorbeigetragenen Schirm.

Wie aufmunternd war es doch, daß im Verlauf des Vormittags ein Hornruf erschallte und über die Straße eine Postkutsche heranrollte, außen überall mit Reisenden besetzt, die unter baumwollenen Parapluies dicht nebeneinander kauerten, in dampfenden, durchnäßten Mänteln!

Der Ton des Hornes scheuchte eine Gruppe von Jungen und Hunden, den Karottenschädel von einem Wirt, jenes absonderlich verwaschen wirkende Wesen, den Stiefelputzer, und all das Volk, das bei einem Gasthof herumlungert, aus geheimnisvollen Schlupfwinkeln. Aber das geschäftige Treiben währte nur kurze Zeit. Die Kutsche rasselte weiter, und Junge und Hund, Wirt und Stiefelputzer, alle krochen in ihre Löcher zurück. Auf der Straße wurde es wieder still, und der Regen, der regnete emsig wie zuvor. Keinerlei Hoffnung, daß sich der Himmel aufhellen werde. Das Barometer zeigte auf Regenwetter. Die schildpattfarbene Katze der Wirtin saß beim Feuer, säuberte ihr Gesicht und rieb die Pfoten an den Ohren. Als ich den Kalender zu Rate zog, fand ich eine abscheuliche Voraussage, die vom Kopf der Seite bis zum unteren Rand verlief, über die ganze Länge des Monats: ›Um – diese – Zeit – viel – Regen – zu – erwarten.‹

Mit Worten ist es nicht auszudrücken, wie trübsinnig mich all dies stimmte! Es schien, als würden die Stunden nie vorüberschleichen. Schon das bloße Ticken der Uhr war aufreizend.

Plötzlich wurde die Stille des Hauses durch das Klingeln einer Zimmerglocke unterbrochen. Kurz darauf hörte ich die Stimme eines Kellners an der Theke: »Der dicke Herr von Nummer 13 wünscht sein Frühstück. Tee, Butterbrote, Schinken und Eier, die Eier nicht zu lange gekocht.«

In einer Situation wie der meinigen mißt man jedem unerheblichen Vorfall erregende Bedeutung bei. Hier bot sich meinem dürstenden Geist Beschäftigung, und meine Phantasie begann die etwas erlahmten Schwingen zu heben. Ich habe die Neigung, für mich selbst aus allerlei Gedanken und Träumen Bilder zusammenzufügen. Wohlan, nun hatte ich einige Hinweise, um daran weiterzuspinnen!

Wäre der Gast im Oberstock als Mr. Smith oder Mr. Brown, Mr. Jackson oder Mr. Johnson oder einfach als »der Herr von Nummer 13« bezeichnet worden, dann hätte mir das gar nichts gesagt. Ich hätte nicht weiter darüber nachgedacht. Aber: »der dicke Herr«! Die bloße Bezeichnung hatte doch etwas Pittoreskes an sich. Man wußte sofort um die Gestalt. Die Person gewann vor meinem geistigen Auge Umrisse, und meine Vorstellungskraft tat das Übrige.

Er war also dick oder, wie manche es nennen, ›behäbig‹. Aller Wahrscheinlichkeit nach stand er in fortgeschrittenem Alter, denn viele Leute nehmen mit den Jahren an Umfang zu. Da er ziemlich spät frühstückte, noch dazu auf seinem Zimmer, mußte er wohl ein Mann sein, der es sich leisten konnte, sein Leben nach eigenem Gutdünken einzurichten, der Nötigung enthoben, zeitig aufzustehen. Kein Zweifel, ein rundlicher, rosiger, stattlicher alter Herr.

Dann wurde noch einmal heftig geklingelt. Der dicke Herr wartete schon ungeduldig auf sein Frühstück. Demnach war er offenbar ein Mann von Bedeutung, der in der Welt etwas galt. Daran gewöhnt, prompt bedient zu werden. Von gesundem Appetit und ein wenig mißmutig, wenn er hungrig war. ›Vielleicht‹, so dachte ich, ›ist er ein Londoner Ratsherr. Oder, wer weiß, gar ein Mitglied des Parlaments?‹

Das Frühstück wurde hinaufgetragen, dann gab es eine kurze Ruhepause. Nun trank er jedenfalls Tee. Plötzlich wurde wieder energisch geklingelt, und bevor jemand dem Ruf folgen konnte, ertönte ein neuerliches, noch schrilleres Glockenzeichen. Guter Gott, welch ein cholerischer alter Herr! Der Kellner kam sehr bestürzt die Treppe herab. Die Butter sei ranzig, die Eier seien zu lange gekocht, der Schinken zu stark gesalzen. Offenbar war der dicke Herr, was Speis und Trank betraf, sehr heikel. Einer von jenen, die das Essen bemängeln, den Kellner umherjagen und mit dem Hauspersonal auf gespanntem Fuß leben. Die Wirtin geriet in Zorn. Ich muß bemerken, daß sie eine schnippische, kokette Person war. Etwas widerborstig und ein wenig schmierig, aber alles in allem recht hübsch. Mit einem läppischen Gesellen, einem Einfaltspinsel als Gatten, wie die meisten herrschsüchtigen, störrischen Frauen. Sie schalt das Gesinde weidlich aus, weil dieses so sträflich nachlässig gewesen sei, ein ungenießbares Frühstück hinaufzuschicken, aber sie sagte kein einziges abfälliges Wort über den dicken Herrn. Woran ich klar erkannte, daß er in der Tat ein Mann von Bedeutung sein müsse, dazu berechtigt, in einem Landgasthof Lärm zu schlagen und Beschwerde zu führen. Andere Eier, anderer Schinken, andere Butterbrote wurden hinaufgetragen und schienen gnädiger entgegengenommen zu werden, zumindest hörte man keine weiteren Unmutsäußerungen.

Ich hatte erst wenige Runden durch die Passagierstube gemacht, da schellte die Zimmerglocke wieder. Gleich darauf gab es eine aufgeregte Umfrage im ganzen Haus. Der dicke Herr wünschte die ›Times‹ oder die ›Chronicle‹. Wie aufschlußreich! Er war also ein alter Tory oder, da er sich bei jeder Gelegenheit so absolut und herrisch zeigte, eher ein Radikaler.

Meine Neugierde erwachte. Ich erkundigte mich beim Kellner, wer dieser dicke Herr, der solche Unruhe verursache, denn eigentlich sei. Aber ich bekam keine Auskunft. Niemand schien den Namen zu wissen. Die Wirte von vielbesuchten Herbergen zerbrechen sich selten die Köpfe über Namen oder Beruf ihrer kurzfristigen Gäste. Die Farbe des Rockes, die Gestalt oder der Wuchs einer Person genügen, um einen Reisenamen anzuregen. Man ist entweder der große Herr oder der kleine Herr, der Herr in Schwarz oder der Herr in Schnupftabakfarbe oder, wie im besonderen Fall, der dicke Herr. Eine solche treffende Bezeichnung genügt vollauf und erspart alle weiteren Rückfragen.

Regen – Regen – Regen!

Erbarmungslos, ohne Unterlaß! Nicht daran zu denken, daß man einen Fuß vor die Tür hätte setzen können – und hier, innerhalb dieser vier Wände, keine Beschäftigung, keine Ablenkung. Schließlich hörte ich oben jemanden auf und ab gehen. Im Zimmer des dicken Herrn. Er war zweifellos ein gewichtiger Mann, davon zeugte die Schwere seines Tritts, und ein alter Mann, weil er so knarrende Sohlen trug. ›Aha‹, dachte ich, ›ein reicher alter Pedant, der auf geregeltes Leben hält und sich nach dem Frühstück Bewegung macht.‹

Nun las ich die Anzeigen von Postlinien und Hotels, all das Zeug, das am Kamin steckte. Das ›Lady's Magazine‹ war mir bereits ein Greuel, es war so öde wie der Tag selbst. Ohne zu wissen, was ich tun sollte, schritt ich ziellos durch den Raum und begab mich endlich wieder auf mein Zimmer. Ich war noch nicht lange oben, als es im Schlafzimmer nebenan ein großes Spektakel gab. Eine Tür wurde geöffnet und heftig zugeschlagen. Das Stubenmädchen, dessen rötliches, gutmütiges Gesicht mir bereits aufgefallen war, eilte verstört und in höchster Empörung die Treppe hinab.

Der dicke Herr hatte sich ungebührlich benommen!

Damit ging sofort ein ganzes Schock meiner Vermutungen und Schlüsse zum Teufel. Dieser Unbekannte konnte kein alter Herr sein, denn alte Herren sind nicht so geräuschvoll mit Stubenmädchen. Er konnte aber auch kein junger Herr sein, denn junge Herren erregen nicht solche Entrüstung. Also mußte er ein Mann mittleren Alters sein und recht widerlich obendrein, sonst wäre das Mädchen nicht so ergrimmt davongerannt. Ich muß gestehen, daß ich nun überhaupt nicht mehr wußte, was ich von dem dicken Herrn halten sollte!

Wenige Minuten später hörte ich die Stimme der Wirtin. Ich konnte einen Blick auf sie werfen, als sie mit festen Schritten die Treppe heraufkam. Ihr Gesicht glühte, ihre Haube leuchtete, ihre Zunge war die ganze Zeit in Bewegung: solche Dinge dulde sie nicht in ihrem Haus, das werde sie eindeutig erklären. Wenn sich Herren auch freigebig erzeigten, sei dies nicht der Brauch. Sie ließe ihre Mädchen nicht so behandeln, wenn diese ihre Arbeit ordentlich verrichteten. Derartiges ließe sie sich nicht bieten.

Da ich Zwistigkeiten verabscheue, besonders mit Frauen und vor allem mit hübschen Frauen, zog ich mich wieder in mein Zimmer zurück, schloß aber die Tür nicht ganz, denn ich war aufs äußerste gespannt, ich mußte einfach lauschen. Nun, die Wirtin marschierte unerschrocken vor die Zitadelle des Feindes und trat zum Sturmangriff an. Die Tür klappte hinter ihr zu. Ich hörte die Frau in zornig erhobenem Ton ihre Rede beginnen, aber nur zwei Herzschläge lang, dann wurde ihre Stimme gedämpft und klang nicht schärfer als der Wind, der im Dachboden säuselt. Schließlich trillerte ein Lachen auf, dann hörte ich nichts mehr.

Nach einer kleinen Weile kam die Wirtin mit einem seltsamen Lächeln wieder heraus, an ihrer Haube nestelnd, die ein wenig verschoben war. Als sie hinabging, hörte ich den Wirt fragen, was denn eigentlich los gewesen sei. Sie aber sagte: »Ach, nicht der Rede wert. Das Mädchen ist ein dummes Ding.« – Was, bei allen Göttern, sollte ich von dieser unberechenbaren Persönlichkeit denken? Ein Mann, der ein gutmütiges Stubenmädchen dermaßen in Harnisch bringen konnte und eine zänkische Wirtin mit Leichtigkeit freundlich stimmte? Er konnte doch nicht so alt und widerwärtig oder gar häßlich sein...

Ich mußte also erneut zu Werk gehen und sein Bildnis in völlig anderen Tönungen malen. Nun stellte ich ihn mir als einen jener dicken Herren vor, denen man häufig in Landgasthöfen begegnet, wenn sie breitbeinig durch die Stuben schreiten. Feuchtfröhliche Gesellen mit getupftem Halstuch und einem Bäuchlein, das seine Rundung nicht zuletzt dem Gerstensaft verdankt. Männer, die die Welt gesehen haben und das Tavernenleben gewöhnt sind, alle Kniffe der Bierzapfer kennen und wohlerfahren sind mit abgefeimten Wirten. Schlemmer, die alle Kellner beim Vornamen nennen, mit den Mädchen schäkern, mit der Wirtin an der Theke plaudern und nach dem Essen bei einem großen Port oder einem Glas Negus weitschweifig erzählen.

Diese und ähnliche Mutmaßungen beschäftigten mich, und darüber verging der Vormittag. Aber sobald ich ein System von Theorien aufgebaut hatte, wurde es durch eine Regung des Unbekannten völlig umgestoßen, und mir blieb nichts als ein Trümmerhaufen von Erwägungen. So gerät das erhitzte Gemüt des Einsamen auf wirre Pfade. Ich bin, wie ich sagte, äußerst empfindlich, und das dauernde, bohrende Nachdenken über dieses mir unsichtbare Wesen begann seine Wirkungen zu zeitigen. Meine Unruhe steigerte sich bis zu nervösen Schwächezuständen!

Die Mittagszeit kam heran. Ich hoffte, daß der dicke Herr in der Passagierstube speisen würde, dann bekäme ich ihn endlich, endlich zu Gesicht. Aber mitnichten – er ließ sich das Mittagessen auf seinem Zimmer servieren. Wie sollte man diese geheimnisvolle Zurückhaltung deuten? Er konnte doch kein Radikaler sein, es lag etwas zu Aristokratisches in der Art, wie er die übrige Welt mied und in strenger Selbstbescheidung während eines Regentages am Umgang mit sich selbst Genügen fand. Und für einen unzufriedenen Politiker tafelte er auch zu üppig.

Er schien sich an einer Vielzahl von Gerichten zu delektieren und saß nun wohl beim Wein, ein fröhlicher Freund des guten, genießerischen Lebens. In der Tat, meine Zweifel über seine Anschauungen wurden bald beseitigt. Denn er konnte seine erste Flasche noch nicht geleert haben, als ich ihn leise eine Melodie summen hörte. Da ich angestrengt lauschte, erkannte ich die Hymne ›God Save the King‹. Ganz klar, er war also kein Radikaler, sondern ein königstreuer Untertan. Einer, der beim Trunk loyal wird und bereit ist, zum Monarchen und zu der Verfassung zu stehen, wenn er auch sonst nicht mehr zu stehen vermag.

Aber wer mochte er nur sein? Wer?!

Ich verstieg mich zu abenteuerlichen Vermutungen. Doch nicht etwa gar eine hochgestellte Persönlichkeit, die inkognito reiste? »Gott weiß es«, sagte ich, mit meiner Weisheit am Ende. »Vielleicht ist er ein Mitglied der königlichen Familie, denn diese sind ja alle dicke Herren!«

Schuhen, die als herrlich unbequeme Pantoffeln zurechtgeschnitten waren, zu Bett.

Nur ein Mann war geblieben, ein kurzbeiniger und kurzatmiger Geselle mit langem Rumpf und unförmigem, strohfarbenem Schädel. Er saß für sich allein,

mit einem Glas Portwein-Negus und einem Löffel. Trank einen Schluck, rührte um, sann vor sich hin, trank wieder einen Schluck, rührte wieder um – so lange, bis nichts mehr im Glase war. Allmählich schlief er ein, stocksteif in seinem Stuhl sitzend, das leere Gefäß vor sich. Auch die Kerze schien einschlafen zu wollen, der Docht wurde lang und schwarz, begann zu schwelen – die Dämmerung im Raum verdichtete sich – die Düsternis, die sich nun senkte, jagte mir Schauer über den Rücken – hingen ringsum nicht die formlosen, fast gespenstischen Gewänder abgeschiedener Reisender, die längst den langen Schlaf schliefen? Ich lauschte gespannt, hörte aber nur das Ticken der Uhr, die tiefen Atemzüge der ruhenden Trunkenbolde und das Tröpfeln des Regens – tropf – tropf – tropf – aus den Traufen des Hauses. Die Kirchenglocken schlugen Mitternacht. – Plötzlich begann der dicke Herr oben langsam auf und ab zu gehen. All dies war äußerst unheimlich oder schien mir in meiner damaligen nervlichen Verfassung jedenfalls so. Diese schemenhaften Überröcke, dieses kehlige Schnaufen, die knarrenden Schritte dieses mysteriösen Wesens! Oben wurde es immer leiser, schließlich war kein Tritt mehr zu hören. Das konnte ich nicht länger ertragen, ich hatte mich in die Verzweiflung des Helden einer Romanze hineingesteigert. ›Mag er sein, wer oder was er will‹, sagte ich zu mir selbst, ›*ich muß ihn sehen!*‹

Eine Zimmerkerze packend, eilte ich hinauf zu Nummer 13. Die Tür war offen – ich zögerte, trat ein – das Zimmer war leer. Beim Tisch stand ein großer, mit Knöpfen gesäumter Lehnstuhl, auf der Platte funkelte ein leeres Weinglas, daneben lag ein Exemplar der ›Times‹, und im ganzen Raum roch es stark nach Stilton-Käse.

Der geheimnisvolle Fremde hatte sich offenbar soeben zurückgezogen. Bitter enttäuscht begab ich mich zu meinem neuen Quartier, das gegen die Straße zu lag. Als ich durch den Korridor schlich, sah ich vor der Tür eines Schlafzimmers ein Paar große Stiefel mit kotbespritzten gewichsten Schäften. Ohne Zweifel gehörten sie dem Unbekannten. Aber es war nicht ratsam, eine so unberechenbare Persönlichkeit im stillen Kämmerlein zu stören. Weiß Gott, der Patron könnte eine Pistole oder etwas noch Schlimmeres auf meinen Kopf abschießen! Ich ging zu Bett, lag aber die halbe Nacht in schrecklicher Unruhe wach. Und als ich endlich einschlief, geisterte schattenhaft, doch mit gewichsten Stiefeln, der dicke Herr durch meine Träume.

Mein Erschöpfungsschlaf währte bis tief in den nächsten Morgen, ich wurde erst durch Stimmengewirr und Lärm im Haus geweckt. Zuerst wußte ich mir dies Treiben nicht zu erklären, bis ich, hellwach geworden, begriff, daß eine Postkutsche abfahrbereit vor dem Tor stand. Und plötzlich schallte von unten ein Ruf:

»Der Herr hat seinen Schirm vergessen! Holt den Schirm des Herrn von Nummer 13!«

Gleich darauf hörte ich ein Stubenmädchen hurtig auf dem Korridor hin- und herlaufen und mit schriller Stimme antworten: »Hier! Hier ist der Schirm des Herrn!«

Der mysteriöse Unbekannte wollte also abreisen. Jetzt! In diesem Moment! Dies war für mich die einzige, die letzte Gelegenheit, ihn zu Gesicht zu bekommen! Ich sprang aus dem Bett, stolperte zum Fenster, riß die Vorhänge zur Seite – und sah gerade noch den Rücken eines Mannes, der eben den Wagen bestieg. Die Schöße eines braunen Rockes teilten sich und gaben mir den vollen Anblick eines gewaltigen Hosenbodens und zweier sandfarbener Hosenröhren frei. Der Wagenschlag schloß sich – ein kurzer Ruf: »Los!« – die Kutsche rollte davon – und das war alles, was ich jemals von dem dicken Herrn sah!

DER STUDENT UND DIE FREMDE DAME

In einer Gewitternacht während der aufgewühlten, fieberhaften Zeit der Französischen Revolution eilte ein junger Deutscher durch die Altstadt von Paris, seiner Behausung zu. Bevor ich diese ungewöhnliche Geschichte erzähle, will ich zuerst einiges über den seltsamen Menschen berichten, der in ebenjener Nacht durch Finsternis und Sturm schritt.

Gottfried Wolfgang war ein junger Mann aus guter Familie. Er hatte in Göttingen studiert; da er aber zur Schwärmerei und zum Übersinnlichen neigte, befaßte er sich mit jenen verstiegenen, überspitzten Lehren, die so oft die Geister deutscher Studenten verwirrt haben. Sein einsames Leben, sein fanatischer Eifer und die absonderliche Art seiner Studien blieben nicht ohne Auswirkungen auf Körper und Geist. Er verfiel zusehends, und sein Denken, Fühlen und Handeln bekam etwas Irrlichterndes, Krankhaftes. So tief hatte er sich in ein phantastisches Gedankenlabyrinth über grundlegende Fragen des Seins verloren, daß er schließlich, gleich Emanuel Swedenborg, von einer selbstgeschaffenen, idealen Wunschwelt umgeben war.

Ich weiß nicht zu sagen, wann jene Wahnidee von ihm Besitz ergriff, ein böser Genius wolle ihn zu Fall bringen und ins sichere Verderben stürzen. Bei Gottfried Wolfgangs seelischer Zerrüttung mußte die stetige bohrende Beschäftigung mit dieser Vorstellung die schlimmsten Folgen zeitigen. Verstört und niedergeschlagen sprach er des öfteren von einem ›Verhängnis‹. Besorgte Freunde erkannten, daß sich eine Geisteskrankheit seiner zu bemächtigen drohte, und da bei solchen Verdüsterungen des Gemütes eine neue Umwelt zumeist von günstiger Wirkung ist und eine Wendung zum Besseren herbeiführt, drangen sie darauf, daß er seinen gewohnten Aufenthaltsort verlasse. So wurde er auf die Reise geschickt, um seine Studien in der glanzvollen, heiteren Stadt Paris zu beenden.

Wolfgang traf in Paris ein, als die Revolution ausbrach. Der allgemeine Rausch riß zuerst auch seine begeisterungsfähige Seele mit, und er war zutiefst beeindruckt von den politischen und philosophischen Theorien des neuen Tages. Aber die blutigen Szenen, die bald folgten, erschütterten seine empfindsame Natur. Welt und Menschen stießen ihn ab, und er flüchtete

sich mehr als je zuvor in seine selbstgewählte Einsamkeit. Unter Tags verbarg er sich in einer stillen Wohnung im Studentenviertel Pays Latin. Dort, in einer düsteren Straße, nicht weit von den klösterlich strengen Mauern der Sorbonne, überließ er sich seinen Betrachtungen. Zuweilen verbrachte er Stunden um Stunden in den großen Bibliotheken von Paris, jenen Katakomben abgestorbener Literatur. Wie ein Dämon, der lustvoll in Menschengebein wühlt, stöberte er mit wirrem Eifer in Stapeln staubiger, vergessener Werke, im dumpfen Leichenhaus vermodernden Schrifttums.

Obgleich in sich gekehrt und spröde, war Wolfgang von innerem Feuer durchglüht. Zu schüchtern und weltfremd, um sich dem zarten Geschlecht zu nähern, war er dennoch ein begeisterter Bewunderer weiblicher Schönheit. In seiner stillen Kammer verlor er sich oft und oft in Erinnerungen an Gestalten und Gesichter, die er gesehen hatte, und seine Einbildungskraft gaukelte ihm Bilder vor, die alle Wirklichkeit weit übertrafen.

Während so, fernab von allem Treiben, sein ganzes Wesen entflammt und erhoben ward, wurde ihm der Traum von einem überirdisch schönen Frauenantlitz zum tiefen Erlebnis. Es folgte ihm durch alle Gedanken bei Tag, verklärte seinen Schlummer bei Nacht. Schließlich verliebte er sich leidenschaftlich in diese unwirkliche Erscheinung. Da dieser seltsamen Liebe die irdische Erfüllung versagt bleiben mußte, entwickelte sich daraus eine jener unseligen fixen Ideen, die den Geist des Melancholikers ständig beschäftigen und manchmal für Irrsinn gehalten werden.

So stand es um Gottfried Wolfgang, als jene stürmische Nacht hereinbrach. Er ging durch die düsteren Gassen des Marais, des alten Stadtteils von Paris, und gelangte auf die Place de Grève, wo die öffentlichen Hinrichtungen stattfanden. Blitze erhellten die Zinnen des alten Hôtel de Ville und warfen ein zuckendes Leuchten auf das Pflaster. Als Wolfgang über den Platz schritt, gewahrte er plötzlich voll Entsetzen, daß er sich ganz nahe bei der Guillotine befand. Die Schreckensherrschaft hatte damals ihren Höhepunkt erreicht, das fürchterliche tödliche Gerüst stand immer bereit, und zu allen Zeiten rann das Blut der Edlen und Unerschrokkenen über das Schafott. Noch vor wenigen Stunden war die Guillotine beim großen Morden in Tätigkeit gewesen, nun ragte sie starr und drohend empor, mitten in der stillen, schlafenden Stadt, und wartete auf neue Opfer.

Schaudernd wandte sich Wolfgang von der unheilvollen Maschine ab – da erblickte er schattenhaft einen Menschen, der am Fuß der Treppe kauerte. Beim grellen Schein einiger Blitze sah er, daß es eine schwarz gekleidete weibliche Gestalt war, die, das Antlitz gegen den Schoß gesenkt, auf einer der untersten Stufen saß. Die langen, aufgelösten Flechten hingen zu Boden, überströmt vom Regen, der ungehemmt herniederprasselte.

Wolfgang blieb stehen. Der Anblick dieses einsamen menschlichen Wesens in seiner stummen Gebärde des Schmerzes erschütterte ihn zutiefst. Ihrem Äußeren nach stand die Frau über der gemeinen Menge. Der Student wußte wohl, daß in dieser Zeit der Wirrnis und des Umsturzes manches edle Fräulein, das einst auf Daunen gebettet war, obdachlos umherirrte. Vielleicht war diese Unbekannte eine arme Trauernde, die hier im Schatten des fürchterlichen Beiles verweilte, losgerissen vom Strand des Lebens, in den Gemarken des Unglücks, an der Grenze zwischen Sein und Ewigkeit ...

Der Student trat näher und sprach in mitfühlendem Ton zu ihr. Sie hob den Kopf und starrte ihn wild an. Zu seinem unbeschreiblichen Erstaunen erblickte er eine Sekunde lang im fahlen Licht jenes Gesicht, das er so viele Male im Traum gesehen hatte! Es war bleich und vom Leid gezeichnet, aber berückend schön.

Zitternd und im Innersten von widerstreitenden Empfindungen bewegt, richtete Wolfgang abermals das Wort an die

Unbekannte. Er sprach davon, daß sie zu nächtlicher Stunde der Gewalt des Unwetters preisgegeben sei, und machte sich erbötig, sie zu ihren Freunden zu geleiten.

Mit einer Geste von erschreckender Deutlichkeit wies sie auf die Guillotine.

»Ich habe keinen Freund auf Erden!« sagte sie.

»Aber Sie haben ein Heim?« fragte Wolfgang.

»Ja – im Grab!«

Des Studenten Herz erbebte bei diesen Worten.

»Wenn ein Fremder es wagen darf, in lauterster Absicht seine Hilfe anzubieten«, begann er, »dann betrachten Sie meine bescheidene Wohnung als Zufluchtsort, mich selbst als ergebenen Freund. Ich habe keine Gefährten in Paris, bin landfremd, aber wenn Ihnen meine Hilfe willkommen ist, stehe ich zu Ihren Diensten und werde mein Leben einsetzen, um Schmerz und Ungemach von Ihnen fernzuhalten.«

Die ehrliche Art des jungen Mannes verfehlte nicht ihre Wirkung. Auch ließ sein ausländischer Tonfall erkennen, daß er kein abgeschmackter abenteuerlustiger Pariser war. Wahrlich, echte Begeisterung findet so beredten Ausdruck, daß kein Zweifel möglich ist. Die heimatlose fremde Dame vertraute sich voll und ganz dem Schutz des Studenten an.

Er stützte die Schwankende, sie gingen über den Pont Neuf und an dem Platz vorbei, wo das Reiterstandbild Heinrichs IV. vom Pöbel umgestürzt worden war. Der Sturm hatte sich gelegt, der Donner verhallte in der Ferne. Ganz Paris war totenstill. Dieser ungeheure Vulkan menschlicher Besessenheit lag für kurze Zeit im Schlaf, nur um am nächsten Tag mit erneuter, verheerender Gewalt auszubrechen. Der Student führte seinen Schützling durch die altertümlichen Gassen des Pays Latin, an den dunkelnden Mauern der Sorbonne entlang, bis zu dem großen, verwahrlosten Gebäude, in dem er hauste. Die alte Pförtnerin, die den beiden Einlaß gewährte, wunderte sich über solch befremdlichen Anblick – noch nie war der trübsinnige junge Deutsche in weiblicher Begleitung gesehen worden!

Beim Eintritt in seine Wohnung war der Student zum ersten Mal über den Verfall und die Unordnung dieses Quartieres beschämt. Er hatte nur einen Raum gemietet, einen altmodischen Salon, reich getäfelt und in phantastischer Weise mit den Resten einstiger Eleganz ausgestattet, denn dieses Bauwerk befand sich in der Nähe des Palais du Luxembourg und war früher im Besitz des Adels gewesen. Bücher und Schriften lagen übereinandergestapelt umher, dazwischen, achtlos verstreut, all die üblichen Habseligkeiten eines Studenten. In einem verborgenen Winkel stand das Bett.

Als Lichter gebracht wurden und Wolfgang die Unbekannte genauer betrachten konnte, war er von ihrer Schönheit bezaubert und hingerissen wie nie zuvor. Ihr Gesicht war blaß, aber von unvergleichlichem Liebreiz, umrahmt von einer Wirrnis rabenschwarzen Haares. Ihre Augen waren groß und strahlend, mit einem seltsamen Ausdruck, den man fast Wildheit nennen konnte. Soweit das schwarze Gewand ihre Gestalt sehen ließ, war diese von vollendetem Ebenmaß. Die ganze Erscheinung wirkte überaus anziehend, obwohl die fremde Dame auf die einfachste Weise gekleidet war. Als einzigen Schmuck trug sie ein breites schwarzes, mit Diamanten geschlossenes Band um den Hals.

Ein Gefühl der Unsicherheit beschlich den Studenten, und er erwog, wie er sich gegen dieses hilflose, seinem Schutz anheimgegebene Wesen verhalten sollte. Er dachte daran, ihr sein Zimmer zu überlassen und selbst anderswo Unterschlupf zu suchen. Doch ein Zauber schien über seinen Gedanken und Sinnen zu walten; er war so betört von den Reizen der Unbekannten, daß er sich willens fand, alles auf sich zu nehmen, um mit ihr beisammen bleiben zu können. Ihre Art war sonderbar, rätselhaft. Doch sie sprach nicht mehr von der Guillotine, sie klagte nicht mehr. Die Aufmerksamkeiten des Studenten hatten zuerst ihr Vertrauen und dann offenbar ihr Herz gewonnen. Sie war wohl ebenso begeisterungsfähig wie er selbst, und entflammte Seelen finden sehr rasch den Weg zueinander ...

Im Überschwang des Augenblicks gestand ihr Wolfgang seine leidenschaftliche Zuneigung. Er erzählte der Fremden von seinem geheimnisvollen Traum, beteuerte ihr, daß sein Herz nur für sie geschlagen habe, bevor er ihrer noch leibhaftig ansichtig geworden. Sie war von seinen Liebesschwüren gerührt und deutete an, daß auch sie sich von einer unerklärlichen Macht zu ihm hingezogen fühle. Das Zeitalter kühner Theorien und schrankenloser Taten war angebrochen. Alte Vorurteile und Glaubenssätze verloren ihre Gültigkeit. Alles beugte sich vor der ›Göttin der Vernunft‹. Wie so viele andere abgetane Sitten des Ancien Régime betrachtete man auch die Zeremonien der Heirat als überflüssige, hohle, äußerliche Form, deren ehrenhafte Menschen nicht bedürften. Freie Lebensgemeinschaften waren große Mode, entsprachen dem Geist der Neuen Epoche. Wolfgang war zu sehr Theoretiker, um nicht auch von solchen liberalen Grundsätzen beeindruckt zu sein.

»Warum sollten wir uns trennen?« rief er aus. »Unsere Herzen sind vereint. Im Angesicht der Vernunft und Ehre sind wir eins. Bedarf es kleinlicher Formen, um hohe Seelen zu verbinden?«

Die fremde Dame hörte mit innerer Bewegung zu. Auch ihr hatten jene Lehren wohl Erleuchtung gebracht.

»Sie haben weder Heim noch Familie«, fuhr er fort, »darum lassen Sie mich Ihnen all dies sein, oder vielmehr, lassen Sie uns einander alles sein! Wenn äußere Form geboten ist, soll sie gewahrt werden. – Hier meine Hand. Ich bin der Ihre, für immer!«

»Für immer?« fragte die fremde Dame feierlich.

»Für immer!« wiederholte Wolfgang.

Die fremde Dame umschloß die entgegengestreckte Rechte. »Dann bin ich dein«, flüsterte sie, an seine Brust sinkend.

Zu früher Stunde am nächsten Morgen verließ der Student seine schlummernde Geliebte und machte sich auf, eine geräumigere Wohnung zu suchen, die sich besser für seine veränderten Verhältnisse schicke. Als er zurückkehrte, fand er die Unbekannte noch im Bett liegend, ihr Kopf und der eine Arm hingen etwas herab. Er sprach zu ihr, bekam aber keine Antwort. Er trat näher, um sie aus ihrer unbequemen Lage zu wecken, nahm ihre Hand – diese war kalt. Kein Pulsschlag zu fühlen – – ihr Gesicht, so blutleer, so totenbleich – – die fremde Dame war eine Leiche!

Fassungslos vor Schreck alarmierte Wolfgang das Haus. Bald bot sein Zimmer ein Bild der Verwirrung. Die Polizei wurde geholt. Als der Beamte den Raum betrat, um die Tote in Augenschein zu nehmen, fuhr er entsetzt zurück.

»Gütiger Himmel!« schrie er, »wie ist diese Frau hierher gekommen?«

»Wissen Sie etwas von ihr?« fragte ihn Wolfgang außer sich.

»Ob ich etwas weiß?« rief der Polizist, »sie wurde gestern guillotiniert!«

Er trat heran, öffnete das schwarze Halsband der Toten und – der Kopf rollte zu Boden!

Der Student verfiel in Raserei. »Der Böse hat Macht über mich bekommen!« kreischte er. »Ich bin für immer verloren!«

Man versuchte ihn zu besänftigen. Vergebens. Er war von dem fürchterlichen Glauben besessen, ein Dämon habe die Hingerichtete wieder belebt, um ihn ins Verderben zu stürzen – –

Diese Geschichte ist wahr, jeglicher Zweifel ist ausgeschlossen. Der Student selbst hat sie mir erzählt. Ich sprach ihn in einer Irrenanstalt in Paris.

DER ARABISCHE STERNDEUTER

Ein Märchen
aus der Alhambra

In alten Zeiten, vor vielen, vielen hundert Jahren, herrschte ein maurischer König namens Ibn Habus über das Königreich Granada. Er war ein ehemaliger Eroberer, mit anderen Worten, ein solcher, der zwar in jüngeren Jahren ohne Unterlaß geraubt, geplündert und verheert hatte, nun aber, da er gebrechlich und hinfällig geworden war, sich gar sehr nach Ruhe und Beschaulichkeit sehnte und nichts inniger wünschte, als mit aller Welt in Frieden zu leben, seine Lorbeeren vor dem Verdorren zu bewahren und sich in aller Stille der Güter zu erfreuen, die er seinen Nachbarn entrissen hatte.

Es fügte sich aber, daß dieser allervernünftigste und allerfriedfertigste alte König sich mit jungen Gegnern herumschlagen mußte. Mit Fürsten, die just ebenso von Ruhmbegier und Kampfesmut erfüllt waren wie er selbst einst in seiner besten Zeit und die sich nun anschickten, ihn für die Händel, die er mit ihren Vätern angefangen hatte, zur Verantwortung zu ziehen. Auch zeigten einige entfernte Provinzen seines eigenen Reiches, die er in den Tagen der Vollkraft mit eiserner Faust regiert hatte, nun, da er nichts als Ruhe wollte, nur allzu große Bereitschaft, sich zu empören und den Aufruhr bis in seine Hauptstadt zu tragen.

So hatte er auf allen Seiten Widersacher, und da Granada von wilden, zerklüfteten Bergen umgeben ist, so daß der Feind unbemerkt herannahen kann, sah sich der unglückliche Ibn Habus zu stetiger Wachsamkeit gezwungen und wußte nie, in welcher Himmelsrichtung nächstens Kämpfe ausbrechen würden.

Vergebens ließ er auf den Bergen Wachttürme errichten und alle Pässe von Kriegern besetzen, mit dem Befehl, beim Anmarsch eines Feindes tagsüber Rauchzeichen zu senden oder nächtens Leuchtfeuer zu entzünden. Seine Gegner waren gewitzigt, sie vereitelten alle Vorkehrungen, stießen aus irgendeinem unbewachten, unwegsamen Engpaß vor, brandschatzten die Landstriche, die der König von seinem Palast aus überblicken konnte, und zogen sich mit Gefangenen und Beute rasch wieder ins Gebirge zurück. War jemals ein friedliebender ehemaliger Eroberer in schlimmerer Zwangslage?

Während also Ibn Habus unter solchen Anfechtungen zu leiden hatte, kam ein uralter arabischer Arzt an den Hof von Granada. Sein grauer Bart reichte ihm bis zum Gürtel, alles an seiner Erscheinung deutete auf biblisches Alter. Dennoch war er fast den ganzen Weg von Ägypten her zu Fuß gewandert, mit keiner anderen Stütze als einem von Hieroglyphen bedeckten Stab. Sein Ruhm war ihm vorausgeeilt: der Fremde hieß Ibrahim Ibn Abu Ajub. Man erzählte, er habe bereits zu Mohammeds Zeiten das Licht der Welt erblickt und sei der Sohn Abu Ajubs, des letzten Gefährten des Propheten. Als Kind sei er dem Heere des Eroberers Amru nach Ägypten gefolgt, wo er viele Jahre seines Lebens verbracht und bei den ägyptischen Priestern die geheimen Wissenschaften, besonders die Magie, studiert habe.

Man erzählte ferner, Ibrahim Ibn Abu Ajub habe ergründet, wie man das menschliche Leben verlängern könne, wodurch er selbst das hohe Alter von mehr als zweihundert Jahren erreicht habe. Allerdings hatte der edle Ibrahim nur seine grauen Haare und seine Runzeln verewigen können, denn er war schon ein betagter Mann gewesen, als er dieses Geheimnis entdeckt hatte.

Der König hieß den wundersamen Fremdling freundlich willkommen und ließ ihm viele Ehrungen zuteil werden, denn Ärzte standen bei ihm, wie bei den meisten senilen Herrschern, in hoher Gunst. Er hätte dem kunstreichen Wanderer, der auch den Lauf der Sterne zu deuten wußte, eine Wohnung in seinem Palast eingeräumt, doch Ibrahim Ibn Abu Ajub entschied sich für eine Höhle in jenem Hügel, der sich über der Stadt Granada erhebt und auf dem später die Alhambra erbaut wurde. Diese Höhle ließ er vergrößern, so daß sie einer weitläufigen, hohen Halle glich, mit einem großen runden Loch in der Wölbung, durch das er, wie durch eine Brunnenöffnung, den Himmel sehen und selbst am hohen Mittag den Stand der Gestirne beobachten konnte. Die Wände der Halle bedeckte er mit Hieroglyphen, kabbalistischen Symbolen und Tierkreiszeichen. Er stattete den felsigen Raum mit vielen Geräten aus, die geschickte Handwerker aus Granada unter seiner Anleitung gefertigt hatten, deren geheime Eigenschaften aber nur er allein kannte.

Bald war der weise Ibrahim der vertrauteste Ratgeber des Königs, der sich in jeder Not an ihn wandte. Eines Tages schalt Ibn Habus über die Willkür seiner Nachbarn und beklagte, daß er zu allen Zeiten auf der Hut sein müsse, um sich gegen ihre Angriffe zu schützen. Als er geendet hatte, schwieg der Sterndeuter einige Herzschläge lang, in tiefe Gedanken versunken, dann erwiderte er: »Wisse, o König, daß ich in Ägypten ein großes Wunderwerk sah, das von einer heidnischen Priesterin alter Zeiten stammte. Auf einem Berg über der Stadt Borsa, wo der Blick die ganze Weite des Niltales umfaßt, stand die Figur eines Widders und darüber die Figur eines Hahnes, beide aus Kupfer gebildet und auf einer Stange drehbar. Wann immer dem Lande ein Angriff drohte, wandte sich der Widder in die Richtung des Feindes, und der Hahn krähte. So hatten die Bewohner der Stadt Kenntnis von der Gefahr, wußten, aus welchem Himmelsstrich die Streitmacht nahte, und konnten sich beizeiten schützen.«

»Gott ist groß!« rief der friedfertige Ibn Habus aus. »Welch ein Schatz wäre solch ein Widder, der über diese Höhen ringsum wachen könnte, und dann solch ein Hahn, der in Zeiten der Gefahr seine Stimme erhöbe! Allah akbar! Wie ruhig könnte ich in meinem Palast schlafen, hätte ich solche Wächter auf den Zinnen!«

Der Sterndeuter wartete stumm, bis sich die Bewegung des Königs gelegt hatte, und fuhr dann fort: »Als der siegreiche Amru – möge er in Frieden ruhen! – ganz Ägypten unterworfen hatte, blieb ich bei den Priestern des Landes, versenkte mich voll Eifer und Lernbegier in den Sinn der feierlichen Handlungen ihres Götzendienstes und richtete mein ganzes Streben darauf, in alle tiefen Geheimnisse, für die man sie rühmt, eingeweiht zu werden. Eines Tages saß ich im Zwiegespräch mit einem uralten Priester am Ufer des Nils. Da wies er auf die mächtigen Pyramiden, die sich wie Berge aus der nahen Wüste erhoben. ›Alles, was wir dich lehren können‹, so sprach er, ›ist nichts, verglichen mit der Weisheit und Erkenntnis, die in jenen ragenden Grabmalen beschlossen liegt. Im Tiefinnersten der mittleren Pyramide befindet sich eine Grabkammer. Darin ruht die Mumie des Hohenpriesters, der durch machtvollen Zauber den Bau jenes unvergleichlichen

Menschenwerkes förderte. Und mit ihm ist ein Buch wundersamer Wissenschaften bestattet, in dem alle Geheimnisse der Magie und der verborgenen Künste verzeichnet stehen. Dieses Buch empfing Adam nach dem Sündenfall, es wurde von Geschlecht zu Geschlecht weitergegeben, bis zu König Salomon dem Weisen, der mit seiner Hilfe den Tempel von Jerusalem errichtete. Wie es in den Besitz des Erbauers der grandiosen Pyramiden gelangte, das weiß nur Er, Dem alles offenbar ist.‹

Als ich die Worte des ägyptischen Priesters vernahm, entbrannte in meinem Herzen der Wunsch, dieses Buches habhaft zu werden. Ich konnte über viele Soldaten unseres siegreichen Heeres und über eine Anzahl eingeborener Ägypter gebieten. Mit diesen ging ich ans Werk, durchbrach das feste Gefüge der Pyramide, bis ich nach großer Mühsal auf einen der inneren, geheimen Gänge stieß. Diesem folgend und mich durch ein schreckliches Labyrinth vortastend, drang ich ins Herzstück der Pyramide vor, bis zu jener Grabkammer, in der seit undenklichen Zeiten der Hohepriester bestattet war. Ich erbrach die Särge der Mumie, öffnete ihre vielen Umhüllungen und fand schließlich auf der erstorbenen Brust das kostbare Buch. Mit zitternden Händen griff ich danach, wankte durch die lastenden Gewölbe dieses riesigen Grabmals dem Ausstieg zu und ließ den Leichnam in seinem dunklen, schweigenden Gelaß, wo er bis zum Tag der Auferstehung und des Gerichtes ruhen wird…«

»Sproß des Abu Ajub!« rief Ibn Habus aus. »Du bist ein weitgereister Mann und hast wundersame Dinge gesehen. Aber von welchem Nutz und Frommen kann mir das Geheimnis der Pyramiden und Salomons des Weisen Buch der Wissenschaft sein?«

»Wohl kann es dir zum Heile gereichen, o König! Durch dieses Buch wurde ich zum Meister aller zauberischen Künste

und kann Geister herbeirufen, um meine Pläne zu verwirklichen. Das Geheimnis des Talismans von Borsa ist mir offenbar, und auch ich kann solch einen Talisman schaffen, ja sogar einen von noch größerer Kraft und Wirksamkeit!«

»O weiser Sohn des Abu Ajub!« Der König war ganz außer sich. »Besser wäre solch ein Talisman als alle Wachttürme auf den Hügeln und alle Krieger an den Grenzen! Schaffe mir solch einen Hüter des Friedens, und die Reichtümer meiner Schatzkammer stehen dir zu Gebote!«

Der Sterndeuter schritt von dannen und traf sogleich alle Vorbereitungen, um den sehnlichen Wunsch des Herrschers zu erfüllen. Auf einer zinnenbekrönten Plattform des Königspalastes am Rand des Hügels von Albaycin ließ er einen hohen Turm errichten. Die Steine für das Gemäuer wurden aus dem fernen Ägypten geholt, und die Legende weiß zu berichten, daß sie von einer der Pyramiden stammten. Im obersten Geschoß dieses Turmes befand sich eine kreisrunde Halle mit Fenstern nach allen Richtungen der Windrose, und vor jedem Fenster stand ein Tisch, auf dem, wie auf einem Schachbrett, kleine Figuren aufgestellt waren, ein richtiges Heer, zu Pferd und zu Fuß, dazu das Bildnis jenes Fürsten, der in diesem Himmelsstrich herrschte, alles kunstvoll aus Holz geschnitzt. Zu jedem dieser Tische gehörte eine kleine Lanze, nicht größer als eine Schusterahle, in die seltsame chaldäische Schriftzeichen eingegraben waren. Als Zugang zu dieser Halle diente eine schwere Kupfertür, deren großes Eisenschloß dauernd versperrt blieb. Den Schlüssel dazu hütete der König persönlich.

Auf der Turmspitze aber, an einer Stange befestigt, blinkte die kupferne Statue eines maurischen Reiters mit Schild und erhobener Lanze. Sein Gesicht war zur Stadt gewendet, als wache er über ihr. Doch wenn irgendein Feind nahte, dann drehte sich die Statue in seine Richtung und senkte wie zum Stoß die Lanze.

Als dies Wunderwerk vollendet war, brannte Ibn Habus darauf, dessen Kräfte zu erproben, ja er, der früher immer nach Ruhe und Frieden geseufzt hatte, wünschte nun ebenso sehnlich einen Angriff herbei.

Dieser fromme Wunsch des Königs ging bald in Erfüllung. Eines Morgens zu früher Stunde brachte der Wächter des Turmes die Kunde, daß der kupferne Reiter gegen die Berge von Elvira blicke und daß seine Lanze genau in die Richtung des Passes von Lope ziele.

»Lasset die Trommeln und Trompeten erschallen! Auf, zu den Waffen! Ganz Granada mache sich zum Kampf bereit!« rief Ibn Habus.

»O König«, fiel ihm der Sterndeuter ins Wort, »störe nicht die Ruhe deiner Stadt, auch rufe nicht deine Krieger zu den Waffen! Es bedarf keiner Heeresmacht, um deiner Feinde Herr zu werden. Schicke dein Gefolge fort, wir wollen uns selbander in die geheime Halle des Turmes begeben.«

Ächzend stieg der alte Ibn Habus die Stufen des Turmes empor, wobei er sich auf den Arm des noch älteren Ibrahim Ibn Abu Ajub stützte. Sie schlossen die Kupfertür auf und betraten den Raum.

Das Fenster, das Ausblick auf den Paß von Lope freigab, war offen. »Aus dieser Richtung droht die Gefahr«, sagte der Sterndeuter. »Komm näher, o König, und schaue das Wunder dieses Tisches!«

Der Herrscher trat zu dem vermeintlichen Schachbrett, auf dem die kleinen hölzernen Figuren standen – und gewahrte zu seinem größten Erstaunen, daß sie alle in Bewegung waren. Die Pferde bäumten sich und tänzelten, die Krieger schwangen ihre Speere, und ganz schwach war der Klang von Pauken und Hörnern, das Klirren von Waffen und das Stampfen von Rossehufen zu vernehmen. All dies aber nicht lauter noch deutlicher als das Summen einer Biene oder einer Sommerfliege im schlafumfangenen Ohr dessen, der zur Mittagszeit im Schatten ruht.

»Wohlan, o erhabener Beherrscher der glänzenden Stadt Granada, siehe hier den Beweis, daß deine Feinde zu Felde ziehen, eben jetzt, im Augenblick! Sie müssen ihren Weg durch jene Berge beim Paß von Lope nehmen. Ist es deine Absicht, Schrecken und Verwirrung unter ihnen zu verbreiten und sie zum Rückzug zu zwingen, dann berühre diese Figuren mit dem stumpfen Ende der Zauberlanze. Willst du aber Hader und Blutvergießen, dann stoße mit der Spitze zu!«

Ein heller Schein glitt über Ibn Habus' Züge. Mit zitternder Begierde packte er das Länzchen, sein grauer Bart wackelte vor Ergötzen, als er auf den Tisch zutrippelte. »Sohn des Abu Ajub«, kicherte er, »ich denke, wir werden ein wenig Blut fließen lassen!«

Dies sagend, stach er mit der Zauberlanze einige der Holzmännchen und bearbeitete andere mit dem stumpfen Ende, worauf die einen als tot auf das Brett fielen, die übrigen aber ihre Schwerter gegeneinander richteten und blindlings in ein wirres Handgemenge gerieten.

Nur mit Mühe konnte der Sterndeuter die Hand des friedliebendsten aller Herrscher abfangen und ihn daran hindern, seine Feinde bis auf den letzten Mann zu vernichten. Schließlich gelang es ihm mit allen Künsten der Überredung, den grimmen König zu bewegen, den Turm zu verlassen und Kundschafter ins Gebirge beim Paß von Lope zu entsenden.

Diese brachten die Nachricht, ein christliches Heer sei mitten durch die Sierra heranmarschiert. Fast hatte die Spitze der langen Heersäule jene Stelle erreicht, wo Granada bereits in Sicht lag, da war in den Reihen eine unerklärliche Verwirrung ausgebrochen. Von unsinnigem Kampfesmut beseelt, waren die Krieger aufeinander eingedrungen, und erst nach furchtbarem Gemetzel hatten sich die Überlebenden in die Gemarken des eigenen Landes zurückgezogen.

Ibn Habus wußte sich vor Freude kaum zu fassen, als solchermaßen die Wunderkraft des Talismans offenbar wurde. »Nun werde ich doch noch ein beschauliches Leben führen können und meine

Widersacher in der Gewalt haben!« rief er aus. »O erleuchteter Sohn des trefflichen Abu Ajub, wie kann ich dich für dein segensreiches Wirken belohnen?«

»Die Bedürfnissc eines alten Mannes, der zudem ein Philosoph ist, sind gering und einfach. Gewähre mir nur die Mittel, um meinc Höhle in geziemender Weise als Heimstätte eines Einsiedlers auszustatten, und ich bin zufrieden.«

»Wie edel ist die Bescheidenheit des wahrhaft Weisen!« sprach Ibn Habus, insgeheim frohlockend, weil er sich eine kostbare Gegengabe ersparte. Er ließ seinen Schatzmeister rufen und gebot ihm, dem anspruchslosen Ibrahim jede verlangte Summe für die Einrichtung seiner Behausung auszufolgen.

Der Sterndeuter gab nun Anweisung, aus dem spröden, harten Gestein Kammern auszuhauen, die als lange Fluchten von Gemächern mit seiner Halle verbunden waren. In diese Räume ließ er schwelgerische Ruhelager stellen, die Wände aber mußten mit feinster Seide aus Damaskus verkleidet werden.

»Ich bin ein alter Mann«, so sprach er, »und kann meine Glieder nicht länger auf Steinbänke betten, und diese feuchten Wände bedürfen einer Verhüllung.«

Er ließ auch Bäder anlegen und das Wasser mit wohlriechenden Essenzen und aromatischen Ölen aller Art versetzen. »Denn ein Bad ist vonnöten«, so sprach er, »um der Erstarrung des Alters entgegenzuwirken und dem Leib, den die Studien ermattet haben, Frische und Geschmeidigkeit wiederzugeben.«

Ferner ließ er zahllose Lampen aus Silber und Kristall in den Gemächern aufhängen und füllte sie mit einem duftenden Öl, nach einem Rezept, das er in den Gräbern Ägyptens entdeckt hatte. Dieses Öl verbrauchte sich nicht und gab einen milden Schein wie das gedämpfte Licht des Tages. »Die Strahlen der Sonne«, so sprach er, »sind zu grell für die Augen eines alten Mannes, und dem Weisen steht es wohl an, beim Leuchten der Lampe nach Erkenntnis zu ringen.«

Der Schatzmeister des Königs wurde unmutig, denn tagtäglich forderte Ibrahim beträchtliche Summen für seine Einsiedelei. Schließlich führte der Getreue vor dem Herrscher Beschwerde. Allein, das Königswort war verpfändet. Ibn Habus zuckte die Achseln. »Wir müssen Geduld haben. Dieser Greis hat seine Vorstellungen von der Behausung eines Weisen nach den Innenräumen der Pyramiden und den gewaltigen Ruinenfeldern Ägyptens gebildet. Doch alles findet einmal ein Ende, es wird nicht lange währen, und der treffliche Ibrahim wird mit der Einrichtung seiner Höhle zu Rande sein.«

Der König behielt recht. Schließlich war aus der felsigen Halle ein prächtiger unterirdischer Palast geworden. Der Sterndeuter erklärte, nun sei er völlig befriedigt, schloß sich ein und verbrachte drei volle Tage in tiefem Nachsinnen.

Dann erschien er wieder vor dem Schatzmeister.

»Eines noch wäre nötig, eine kleine Aufheiterung für die Stunden, da sich der rastlose Geist in stiller Muße den Freuden der Welt zuwendet.«

»O weiser Ibrahim, es ist meines Amtes, dich mit allem zu versehen, was deiner Einsamkeit frommt. Was begehrst du also noch?«

»Ich hätte gar zu gern einige Tänzerinnen.«

»Tänzerinnen?« rief der Schatzmeister höchlich verblüfft.

»Tänzerinnen«, wiederholte der Sterndeuter gewichtig. »Und lasse sie jung und liebreizenden Angesichts sein. Denn der Anblick von Jugend und Schönheit wirkt belebend. Einige werden genügen, denn ich bin ein Philosoph von einfacher Lebensweise und leicht zufriedenzustellen.«

Während der philosophische Ibrahim solchermaßen in Weisheit die Zeit in seiner Behausung zubrachte, lieferte der friedfertige Ibn Habus in seinem Turm wilde Schlachten auf dem Brett. Es war auch für einen abgeklärten Greis ein Vergnügen ganz besonderer Art, im stillen Kämmerlein so leicht Krieg führen zu können und ganze Heere hinwegzufegen, als ob es Fliegenschwärme wären.

Einige Zeit gab er sich ganz diesem erregenden Spiel hin und reizte sogar voll Arglist seine Nachbarn zu Vorstößen über seine Grenzen. Aber sie lernten aus den vernichtenden Niederlagen, die sie dabei unweigerlich erlitten. Schließlich wagte niemand mehr, in die Gebiete des Königs von Granada einzudringen. Viele Monate verharrte der kupferne Reiter in seiner Friedenshaltung, die Lanze steil in die Luft erhoben. Und der liebenswürdige alte Landesherr wurde recht verdrießlich, weil er seinen liebgewordenen Zeitvertreib missen mußte, und sein gleichförmig ruhiges Leben behagte ihm ganz und gar nicht mehr.

Aber eines Tages wirbelte der Talisman-Reiter plötzlich rundherum, und seine Lanze wies starr gegen die Berge von Guadix. Ibn Habus eilte in seinen Turm – doch siehe da, der Zaubertisch in jener Himmelsrichtung blieb still, kein einziger Krieger bewegte sich. Wie seltsam! Höchst verwundert entsandte der König einen Trupp Reiter zur Erkundung in die Berge. Nach dreitägiger Abwesenheit kehrten sie zurück.

»Wir haben alle Gebirgspässe durchsucht«, sagten sie, »aber nicht *ein* Helm, nicht *eine* Speerspitze war zu sehen. Nur eine junge Christin, schön über alle Maßen, haben wir auf unseren Streifzügen überrascht, als sie zur Mittagszeit neben einem Brunnen schlief, sie haben wir als Gefangene mitgebracht.«

»Eine junge Christin, schön über alle Maßen!« rief Ibn Habus, und seine Augen leuchteten vor Verlangen. »Bringt sie vor mein Angesicht!«

Das Mädchen wurde in die Thronhalle

geführt. Welch eine berückende Erscheinung! Sie trug die reichverzierte Kleidung der vornehmen gotischen Spanierinnen jener Zeit der arabischen Herrschaft. Perlenschnüre, weiß schimmernd wie frischgefallener Schnee, waren in ihr rabenschwarzes Haar geflochten, und die Edelsteine, die auf ihrer Stirne funkelten, wetteiferten mit dem Glanz ihrer Augen. Um den Hals trug sie eine goldene Kette und daran eine silberne Leier, die an ihrer Seite hing.

Die Blitze aus ihren dunklen, feurigen Augen wirkten auf das greisenhafte, aber noch immer entflammbare Herz des alten Ibn Habus wie Funken auf dürres Stroh. Ihre wohlgestalteten Glieder und geschmeidigen Bewegungen erregten seine Sinne und brachten ihn vollends aus der Fassung. »Herrlichste aller Frauen!« schrie er hingerissen, und seine Stimme überschlug sich. »Wer bist du?«

»Die Tochter eines der gotischen Fürsten, die noch vor kurzem dieses Land

beherrschten. Die Heere meines Vaters wurden wie durch Zaubermacht in jenen Bergen vernichtet. Er selbst mußte fliehen, und seine Tochter ist nun eine Gefangene.«

»Sei auf der Hut, o großer König«, flüsterte Ibrahim Ibn Abu Ajub, »denn dies könnte eine jener Zauberinnen des Nordens sein, von denen uns Kunde kam. Sie nehmen die betörendsten Gestalten an, um den Arglosen zu umgarnen. Mich dünkt, ich lese Hexerei im Blick dieses Mädchens und schlimme Künste in jeder Gebärde. Kein Zweifel, hier steht der Feind, den uns der Talisman anzeigte.«

»Sproß des Abu Ajub«, erwiderte der König, »du bist gewiß ein weiser Mann und ein großer Magier, das weiß ich wohl. Doch bist du nicht sehr erfahren im Umgang mit Weibern. Darin tut es mir kein Mann gleich – auch nicht Salomon der Weise, ungeachtet der Zahl seiner Gesponsinnen und Bettgenossinnen. Und was dieses Mädchen angeht, so scheint es mir ohne Harm. Es ist holden Angesichtes und findet Gnade vor meinen Augen.«

»Höre, o König!« antwortete der Sterndeuter. »Durch meinen Talisman hast du viele Siege errungen, doch hatte ich nie Anteil an der Beute. Gib mir also diese versprengte Gefangene, auf daß sie mich in meiner Einsamkeit mit ihrer silbernen Laute ergötze. Wenn sie wirklich eine Zauberin ist, vermag ich durch machtvoll wirkende Sprüche ihren Bann zu brechen.«

»Wie, noch mehr Frauen?« schrie Ibn Habus. »Stehen dir nicht schon genug Tänzerinnen zu Gebote, um dich zu erbauen?«

»Tänzerinnen wohl, das ist wahr, aber keine Sängerinnen. Ein wenig Gesang und Saitenspiel wäre gerade das Richtige, um meinen Geist zu erfrischen, wenn er durch tiefe Betrachtungen ermüdet ist.«

»Bezähme deine einsiedlerischen Gelüste!« fuhr ihn der König an. »Dieses edle Geschöpf habe ich für mich selbst bestimmt. Sie sei das Labsal meiner späten Tage, wie einst Abischag die Sunamitin für David, den Vater Salomons des Weisen.«

Je eindringlicher der Sterndeuter widersprach, desto starrsinniger und ablehnender wurde der König, und zuletzt schieden die beiden ehrwürdigen Greise in großer Erbitterung voneinander. Ibrahim schloß sich in seiner Höhle ein, um dort vor Groll und Enttäuschung in düsteres Brüten zu versinken. Doch ehe er sich entfernte, warnte er den König nochmals vor der gefährlichen Gefangenen. Allein, welcher liebestolle alte Mann hätte je auf einen wohlgemeinten Rat gehört? Ibn Habus jedenfalls überließ sich bedenkenlos seiner törichten Leidenschaft. Sein ganzes Sinnen und Trachten war nur mehr darauf gerichtet, in den Augen der gotischen Prinzessin liebenswürdig zu erscheinen. Gewiß, er konnte sie nicht durch Jugend für sich gewinnen, dafür aber besaß er Reichtümer. Und ein bejahrter Liebhaber ist im allgemeinen nicht knauserig. Der Zacatin von Granada wurde nach den wertvollsten Waren des Ostens durchwühlt. Seide, Geschmeide, kunstvoll geschnittene Steine, erlesene Duftstoffe – alles, was Asien und Afrika an Kostbarem und Seltenem zu bieten hatten, wurde der Prinzessin zu Füßen gelegt. Um sie zu erheitern, ließ der König Spiele und Feste aller Art veranstalten, Musik und Gesang, Tanz, Turniere und Stierkämpfe – Granada war einige Zeit eine Stadt immerwährenden Schaugepränges. Die gotische Prinzessin zeigte mit jeder Miene, mit jedem Blick, daß sie an königliche Prachtentfaltung gewöhnt war, und betrachtete all dies als gebührende Huldigung an ihren hohen Rang und mehr noch an ihre Schönheit. Denn Schönheit ist ja weit anspruchsvoller als Würde. Dem stolzen Mädchen schien es sogar geheimes Vergnügen zu bereiten, den Herrscher zu einem Aufwand zu reizen, der seine Schätze empfindlich verminderte, und dann solch verschwenderische Großzügigkeit als etwas ganz Selbstverständliches zu nehmen.

Indes, obwohl der hochbetagte Werber ihr jeden Wunsch von den Augen ablas und erfüllte, konnte er sich nicht mit dem Gedanken schmeicheln, daß er in ihrem Herzen irgendeine Regung erweckt habe. Sie war nie unfreundlich zu ihm, das ist wahr, aber sie schenkte ihm auch nie ein Lächeln. Sooft er in feurigem Ton von seiner leidenschaftlichen Zuneigung zu sprechen begann, schlug die liebliche Gotin ihre silberne Leier. Der Klang der Saiten übte zauberische Wirkung aus. Sogleich wurden die Lider des Herrschers schwer, eine sonderbare Schläfrigkeit beschlich ihn, und er versank allmählich in einen Schlummer, aus dem er wunderbar erquickt und vorläufig von seiner Leidenschaft völlig geheilt erwachte. Dies war sehr befremdlich für sein Gefolge. Doch in solchem Schlummer erschienen ihm bunte Traumbilder und nahmen die Sinne des schläfrigen Liebhabers gefangen. So träumte er dahin, während ganz Granada über seine

Verblendung spottete und murrte, weil Reichtümer für ein Lied vergeudet wurden.

Schließlich kam es so weit, daß Ibn Habus fast von einer Gefahr überrumpelt worden wäre, vor der ihn sein Talisman nicht warnte. In der Stadt selbst erhob sich das Volk gegen ihn. Bewaffnete Horden umzingelten den Palast und bedrohten den König und seine christliche Angebetete. In der Brust des Herrschers glomm ein letzter Funke seines alten kriegerischen Geistes auf. An der Spitze seiner Leibwache stürmte er durch das riesige Tor, schlug die Rebellen in die Flucht und erstickte den Aufruhr im Keim.

Als die Ruhe wiederhergestellt war, suchte er den Sterndeuter in dessen Behausung auf, denn der verbitterte Ibrahim Ibn Abu Ajub mied noch immer den Königspalast.

Ibn Habus näherte sich dem Weisen mit begütigenden Worten. »O trefflicher

Sproß des Abu Ajub«, sprach er, »wie recht hattest du doch, als du mir von dieser schönen Gefangenen Schlimmes weissagtest! Wohlan, rate mir nun, der du jedes Übel so klar voraussichst, was ich tun soll, um alle Gefahren abzuwenden.«

»Trenne dich von der ungläubigen Gotin. Sie allein trägt die Schuld!«

»Lieber entsage ich meinem Königreich!« schrie Ibn Habus.

»Du bist in Gefahr, beides zu verlieren«, entgegnete der Sterndeuter düster.

»Zürne nicht, o Tiefsinnigster aller Philosophen. Ermiß die zweifache Bedrängnis eines Herrschers und Liebenden und schaffe Abhilfe gegen die Anfechtungen, die mich treffen. Nichts gilt mir der Ruhm, nichts die Macht. Nur nach Ruhe sehne ich mich. Ach, daß es doch eine Stätte gäbe, wo ich vor der wilden Welt mit all ihren Triumphen und Wechselfällen Zuflucht suchen und den Rest meiner Tage in Liebesseligkeit und stillem Glück zubringen könnte!«

Der Sterndeuter sah den König unter seinen buschigen Brauen fest und prüfend an.

»Und was würdest du geben, wenn ich dir solch einen Ort des ungetrübten, beständigen Friedens schüfe?«

»Du könntest deinen Lohn selbst bestimmen. Und bei meiner Seele, was es auch wäre, wenn es in meiner Macht steht, sollte es dein sein!«

»O König, hast du jemals vom Garten von Irem gehört, einem der Wunder des glücklichen Arabien?«

»Wohl weiß ich von jenem Garten. Es steht davon im Koran geschrieben, in der Sure, welche ›Die Morgendämmerung‹ genannt wird. Und die Mekkapilger berichteten märchenhafte Dinge darüber. Doch sag an, darf man ihren Worten Glauben schenken? Sind es nicht vielmehr bloße Fabeln, wie sie Wanderer, die in fernen Ländern weilten, zu erzählen lieben?«

»O König, zweifle nicht an den Geschichten der Wanderer, denn sie bergen aufschlußreiche, seltene Kunde von den äußersten Gemarken der Erde«, erwiderte der Sterndeuter ernst. »Was vom Palast und Garten von Irem erzählt wird, ist wahr! Mit diesen meinen eigenen Augen habe ich das Wunder geschaut. Höre nun von meinem Abenteuer, denn es steht mit deinem Herzenswunsch in ahnungsvollem Zusammenhang.

In jungen Jahren, als ich noch ein unwissender arabischer Nomade war, hütete ich die Kamele meines Vaters. Beim Zug durch die Wüste von Aden kam eines der Tiere von der Herde ab und ging verloren. Ich suchte es einige Tage lang, aber vergebens. Müde und erschöpft lagerte ich mich einmal um die Mittagszeit unter einer Palme bei einem ausgetrockneten Brunnen und schlief ein. Als ich wieder erwachte, fand ich mich vor dem Tor einer Stadt. Ich schritt hindurch und erblickte prächtige Straßen und Plätze. Aber alles war verödet, kein Bewohner zeigte sich. Ich wanderte weiter, bis ich zu einem unbeschreiblich schönen Palast kam, der von einem Garten umgeben war. Beim Bart des Propheten, welch ein Garten! Mit alabasternen Brunnen, durchsichtigen Gewässern, schattenspendenden Hecken, leuchtenden Blüten und duftenden Gehegen, in denen die köstlichsten Früchte reiften. Aber auch dort begegnete mir kein menschliches Wesen. Furcht beschlich mein Herz in dieser Einsamkeit, ungesäumt eilte ich auf dem Weg, den ich gekommen, wieder zurück. Unter dem Torbogen wandte ich noch einmal den Blick, doch siehe, die Stadt war verschwunden – nichts als die stumme Wüste breitete sich vor meinen Augen.

Unweit dieses Ortes traf ich einen bejahrten Derwisch, wohlbewandert in den Geheimnissen des Landes. Ihm erzählte ich, was mir widerfahren. Er aber sprach: ›Dies ist der weithin berühmte Garten von Irem, eines der Wunder der Wüste. Zuweilen erscheint er einem wegemüden

Wanderer, wie du einer bist, und ergötzt ihn mit der Vorspiegelung von Türmen, Palästen und Gartenmauern, von reichbeladenen Fruchtzweigen überhangen – alsbald entschwindet all dies dem Auge des Sterblichen, und sein Fuß tritt wieder öden Sand. Höre, was sich einst begab, mein Sohn. In alten Zeiten, als dieses Land von den Additen bewohnt wurde, gründete König Scheddad, Sohn des Ad, Urenkel des Noah, an jener Stelle eine überaus prächtige Stadt. Als die Mauern in makelloser Schönheit emporragten, schwoll Scheddads Herz vor Stolz und Überhebung, und er beschloß, einen Königspalast zu erbauen, dessen Gärten an Herrlichkeit mit dem himmlischen Paradiese, von dem im Koran geschrieben steht, wetteifern sollten. Aber der Fluch des Himmels schlug ihn für seine ungeheuerliche Anmaßung. Er und sein Volk wurden hinweggefegt, seine herrliche Stadt mit dem Palast und dem Garten fiel unter einen ewigen Bann, der sie vor dem menschlichen Blick verbirgt. Nur manchmal erscheint sie wieder, um die Sünde des Königs Scheddad für immer in Erinnerung zu halten.‹

Diese Geschichte, o König, und die Wunder, die ich geschaut hatte, gingen mir nicht aus dem Sinn, und in späteren Jahren, als ich in Ägypten weilte und bereits das Buch Salomons des Weisen besaß, brach ich wieder auf, um den Garten von Irem zu suchen. Ich fand die Stelle, und sogleich zeigte sich die Stadt meinem kundigen Blick. Ich nahm Scheddads Palast in Besitz und verbrachte einige Tage in diesem Paradies zwischen Schein und Wirklichkeit. Die Geister, die den Ort bewachen, gehorchten meinen magischen Befehlen. Sie offenbarten mir auch den Zauber, durch welchen der Garten für das Auge des Menschen Gestalt gewann und wieder unsichtbar wurde. – Wisse, o König, solch einen Palast, von reichen Gehegen rings umgeben, kann ich für dich erstehen lassen, sogar hier, auf dem Berg oberhalb der Stadt. Kenne ich nicht alle Beschwörungsformeln? Und ist mir nicht das Buch der geheimen Wissenschaften zu eigen?«

»O erleuchteter Sohn des Abu Ajub!« Ibn Habus zitterte vor Erregung. »Du bist in der Tat ein weltkluger Wanderer und hast der Wunder viele erlebt! Schaffe mir dies irdische Paradies und fordere jeden Lohn dafür, und sei es die Hälfte meines Reiches!«

»Mitnichten«, gab Ibrahim Ibn Abu Ajub zur Antwort, »du weißt, ich bin ein alter Mann, ein Weiser und leicht zufriedenzustellen. Ich begehre nur geringen Lohn: das erste Tier, das seine Last durch das Zaubertor des Palastes tragen wird, sei mein.«

Mit Freuden gewährte der Herrscher einen so bescheidenen Wunsch, und der Sterndeuter ging ans Werk. Auf der Höhe des Hügels, just über seiner unterirdischen Wohnstätte, ließ er einen festen Turm mit einem großen, wehrhaften Tor errichten. Vor diesem Turm befand sich ein Zwinger mit einem hohen Torbogen, in den schwere Türflügel eingesetzt wurden. Auf den Schlußstein grub der Sterndeuter selbst das Zeichen eines großen Schlüssels ein, auf den Schlußstein des äußeren Tores meißelte er eine riesige Hand. Dies waren machtvolle magische Symbole. Dabei murmelte er viele Sprüche in einer unbekannten Sprache.

Als Turm und Tor vollendet waren, schloß sich Ibrahim Ibn Abu Ajub in seiner Sterndeuterhalle ein und verbrachte zwei Tage mit Geisterbeschwörungen. Am dritten Tag stieg er auf den Hügel und verharrte dort in Einsamkeit. Erst des Nachts, zu später Stunde, kam er herab und erschien vor Ibn Habus. »O König«, sprach er, »ich bin zu Rande. Auf jener Höhe erhebt sich einer der herrlichsten Paläste, die je eines Menschen Geist ersann und eines Menschen Herz erträumte. Die Hallen und Wandelgänge sind auf das kostbarste geziert, die Bäder geben Frische und Jugendkraft, die Springbrunnen verbreiten köstliche Kühle, und die Lustgärten erlaben Auge und Seele. Kurzum, der ganze Berg ist in ein Paradies verwandelt. Wie der Garten von Irem ist es durch unbezwinglichen Zauber geschützt, der es den Blicken und Nachforschungen der Sterblichen entzieht. Nur wer das Geheimnis kennt, kann den Palast betreten und sich aller Herrlichkeiten erfreuen.«

»Genug!« schrie der entzückte Ibn Habus. »Morgen, beim ersten Schein des Tages, werden wir uns auf den Berg begeben und den Palast in Besitz nehmen!« In jener Nacht fand der überglückliche Herrscher kaum Schlaf. Als die ersten Sonnenstrahlen die schneebedeckten Gipfel der Sierra Nevada erhellten, bestieg er sein Roß und ritt, nur von einigen ausgewählten Höflingen begleitet, den steilen, schmalen Hügelweg hinan. Neben seinem Reittier schritt ein weißer Zelter, auf diesem saß die gotische Prinzessin. Ihr Gewand war über und über mit Juwelen geschmückt, um den Hals aber hatte sie die silberne Leier. An der anderen Seite des Königs ging, auf seinen Hieroglyphenstab gestützt, der Sterndeuter, der niemals ein Pferd bestieg.

Ibn Habus hielt begierig Ausschau, ob ihm zu Häupten die leuchtenden Türme des Palastes aufragten und die begrünten Terrassen der Gärten sich über die Anhöhe erstreckten, aber noch war nichts davon zu erblicken. »Das ist das schützende Geheimnis dieses Ortes«, erklärte der Sterndeuter auf die höchlich verwunderte Frage des Königs. »Erst wenn man die verzauberte Pforte durchschritten hat, wird man des Palastes ansichtig.«

Als sich der Zug dem Tor näherte, blieb Ibrahim stehen und wies dem erwartungsvollen Ibn Habus die mystischen Zeichen Hand und Schlüssel. »Dies sind die Talismane, die den Zugang zu diesem Paradies verwehren«, sprach er, »keine menschliche Gewalt und keine

Zaubermacht kann den Herrn des Berges bedrängen, wenn nicht die steinerne Hand den steinernen Schlüssel ergreift.«

Während der Herrscher mit offenem Mund in stummem Erstaunen diese rätselhaften Bilder anstarrte, tänzelte der Zelter der Prinzessin dahin und trug sie durch das äußere Tor geradewegs unter den wuchtig gefügten Bogen des Turmes.

»Sieh her, o König!« rief der Sterndeuter laut. »Mein versprochener Lohn! Das erste Tier, das seine Last durch das Zaubertor trägt!«

Ibn Habus lächelte, denn er glaubte, dies sei ein Scherz des Greises. Als er aber inneward, daß der Sterndeuter in vollem Ernst gesprochen hatte, begann sein grauer Bart vor Zorn zu zittern.

»Sproß des Abu Ajub«, sagte er streng. »Welch vermessene zwiefache Deutbarkeit liegt in deiner Rede! Du kennst den Sinn meines Versprechens: das erste Lasttier, das mit seiner Bürde durch dieses Tor tritt. Nimm den stärksten Maulesel aus meinen Stallungen, belade ihn mit dem Kostbarsten, das meine Schatzkammer birgt, alles sei dein. Aber wage es nicht, deine Augen zu ihr zu erheben, die das Entzücken meines Herzens ist!«

»Bedarf ich der Reichtümer?« höhnte der Sterndeuter.» Ist mir nicht Salomons des Weisen Buch in die Hände gegeben? Kann ich der Erde nicht ihre geheimsten Schätze entreißen? Die Prinzessin ist zu Recht mein. Dein königliches Wort gilt. Ich fordere sie als mein eigen!«

Die Gotin blickte stolz von ihrem Schimmel herab, und ein leises Lächeln des Spottes schürzte ihre rosigen Lippen, als sie sah, wie hier zwei Graubärte um ein schönes junges Menschenkind feilschten und haderten. In seinem namenlosen Grimm vergaß der Herrscher alle Besonnenheit. »Niedriger Wüstensohn!« brüllte er. »Du magst vieler Künste kundig sein, doch erkenne mich als deinen Gebieter und erfreche dich nicht, mit deinem König ein loses Spiel zu treiben!«

»Mein Gebieter! Mein König! Ha!« äffte ihn der Sterndeuter nach. »Der Beherrscher eines Maulwurfshügels will jenen meistern, der die Zaubergaben Salomons besitzt! Fahr wohl, Ibn Habus, herrsche über dein jämmerliches Königreich und ergötze dich in deinem Paradies der Dummköpfe. In meiner Heimstatt der Weisheit will ich über dich lachen!«

So sprach Ibrahim Ibn Abu Ajub, ergriff die Zügel des Zelters, schlug mit seinem Stab auf den Boden und versank mit der Prinzessin in der Tiefe. Die Erde schloß sich wieder, kein Spalt klaffte an der Stelle, wo die beiden verschwunden waren.

Einige Sekunden lang war Ibn Habus wie vom Donner gerührt. Dann aber raffte er sich auf und befahl tausend Werkleuten, mit Schaufeln und Hauen den Grund aufzuwühlen. Sie gruben und gruben, doch vergebens. Der spröde Fels des Hügels widerstand ihren Bemühungen. Und wenn es ihnen gelang, etwas tiefer zu schürfen, rieselte die Erde wie Treibsand wieder in das Loch zurück und vereitelte das Beginnen. Der König suchte am Fuß des Hügels nach dem Höhlenschlund, der zu dem unterirdischen Palast des Sterndeuters führte. Aber er fand ihn nicht. Wo einst der Eingang gegewesen war, dort stieß man auf eine undurchdringliche Fläche aus schroffem, urweltlichem Gestein. Mit dem Verschwinden des Ibrahim Ibn Abu Ajub hatte auch sein Talisman alle Zauberkraft verloren. Der kupferne Reiter blieb starr, das Gesicht dem Hügel zugewandt und die Lanze gegen die Stelle gerichtet, wo der Sterndeuter mit der schönen Gotin versunken war. Es schien, als wolle er solchermaßen andeuten, daß dort der schlimmste Feind des großen Ibn Habus lauere.

Zuweilen war ganz leise aus dem Inneren des Hügels Saitenspiel und der Gesang einer Frauenstimme zu vernehmen.

Und eines Tages kam ein schlichter Landmann zum König und berichtete, er habe in der vergangenen Nacht einen Spalt im Felsen entdeckt. In diesen habe er sich hineingezwängt und sei durch einen engen Stollen gekrochen – bis er in eine

weite unterirdische Halle hinabsah. Er gewahrte, auf einem riesengroßen, schwelgerischen Lager, mit gekreuzten Beinen sitzend, das Haupt auf die Brust gesenkt, den schlummernden Sterndeuter und vor ihm, ihrer silbernen Laute zauberische Klänge entlockend, die gotische Prinzessin, die seine Sinne in mildem Bann zu halten schien.

Ungesäumt suchte Ibn Habus an der bezeichneten Stelle, aber der Spalt hatte sich wieder geschlossen. Daraufhin unternahm er erneut den Versuch, seinen Gegner wie einen Maulwurf auszugraben. Doch an dem Bann der Hand und des Schlüssels scheiterte alle menschliche Kraft. Die Höhe des Berges, die der verheißene Palast und Garten bekrönen sollte, blieb kahler Felsgrund. Entweder war dieses vielgerühmte Elysium durch Zauber dem Blick verborgen, oder der verschlagene Sterndeuter hatte dem leichtgläubigen Herrscher eben eine Fabel erzählt. Die Welt neigte nachsichtsvoll zu der nüchternen Erklärung und nannte den Palast ›Des Königs Hirngespinst‹, manche freilich bezeichneten es als ›Das Paradies des Toren‹.

Wahrlich, ein Unglück kommt selten allein! Die Fürsten der Nachbarländer, die Ibn Habus einst aus purem Übermut bedrängt und dann ganz gemächlich besiegt hatte, solange ihm der Zauberreiter zu Gebote stand, brachen nun mit starker Heeresmacht von allen Seiten in sein Reich ein, da sie wußten, daß er nicht mehr durch magische Kräfte beschirmt sei. Unablässig schlug das Schicksal zu, und so verdüsterten Wirrsal und Not die letzten Tage des friedfertigsten aller Herrscher.

Schließlich starb König Ibn Habus und wurde bestattet. Äonen sind seither verstrichen. Auf dem ereignisreichen Berg wurde die Alhambra erbaut, und damit ist unserer Erde in der Tat eine Vision und ein Abglanz des sagenhaften seligen Gartens von Irem geschenkt. Das verzauberte Tor besteht noch immer in unveränderter Gestalt – zweifellos durch die mystischen Zeichen geschützt: es ist heute die ›Puerta de la Justicia‹, das Tor der Gerechtigkeit, der große Eingang in die Festung. Tief unter diesem Tor, so sagt man, schlummert auf seinem Diwan in seiner unterirdischen Halle noch immer der alte Sterndeuter, eingelullt von den Tönen der Silberleier der Prinzessin.

Die alten Invaliden, die bei der Pforte Wache halten, hören zuweilen in lauen Sommernächten diese Klänge. Und dann erliegen auch sie der einschläfernden Macht. Die Augen fallen ihnen zu, der Kopf sinkt vornüber, und sie dösen still auf ihren Posten.

In der Tat, über diesem Ort liegt zu allen Zeiten ein erschlaffender Dunstkreis, hat man doch schon oft beobachtet, wie sogar jene Invaliden, die am hellichten Tag den Wachdienst versehen, auf den Steinbänken des Tores einnicken oder unter nahen Bäumen schlummern.

Wahrhaftig, dies ist das verschlafenste Pikett der ganzen Christenheit!

All das wird Jahrhundert um Jahrhundert fortdauern, so heißt es in den alten Legenden. Die Prinzessin wird die Gefangene des Sterndeuters bleiben, den sie durch magische sanfte Gewalt stets aufs neue in Schlaf versenkt – immerwährend, bis zum Jüngsten Tag.

Es sei denn, daß die mystische Hand dereinst den schicksalhaften Schlüssel ergreift und so den Bann dieses verzauberten Berges bricht.

DIE ROSE DER ALHAMBRA

Granada, die zauberhafte Stadt, war nach der Besiegung der Mauren einige Zeit eine häufig besuchte, beliebte Residenz der spanischen Herrscher – doch mehrere aufeinanderfolgende Erdbeben, die Häuser zum Einsturz brachten und die alten Moslemtürme bis in die Grundfesten erschütterten, schreckten den Hof ab. So fügte es sich, daß viele Jahre dahingingen, in denen Granada nur höchst selten durch die Anwesenheit eines königlichen Gastes geehrt wurde. Die Paläste des Adels blieben unbewohnt, und die Alhambra thronte, gleich einer verschmähten Schönen, welche ihre Tage vertrauert, inmitten ihrer wildwuchernden Gärten. Auch der ›Torre de las Infantas‹, der Turm der Infantinnen, fiel der Vergessenheit anheim. Spinnen zogen ihre Netze kreuz und quer durch goldene Bogengänge, Fledermäuse und Eulen nisteten in den Gemächern, wo einst Saida, Soraida und Sorahaida geweilt hatten. Daß man diesen Turm mied, mag zum Teil an gewissen abergläubischen Vorstellungen des Volkes dieser Gegend gelegen haben. Es ging nämlich das Gerücht um, der Geist der jungen Sorahaida, die in jenem Bau an gebrochenem Herzen gestorben war, sei oft gesehen worden, neben dem Springbrunnen in der Halle sitzend oder wehklagend um die Zinnen irrend, und Wanderer, die um Mitternacht durch die Senke schritten, hätten die Klänge ihrer Silberlaute gehört.

Indes, schließlich durfte die Stadt Granada wieder königliche Besucher in ihren Mauern willkommen heißen. Alle

Welt weiß, daß Philipp V. als erster Bourbone das spanische Zepter führte. Alle Welt weiß auch, daß er sich in zweiter Ehe mit Elisabetta oder Isabella (– denn das ist dasselbe –), der schönen Prinzessin von Parma, vermählte. Und alle Welt weiß endlich, daß durch diese Verkettung von Zufällen ein französischer Prinz und eine italienische Prinzessin zusammen auf dem spanischen Thron saßen.

Für einen Séjour dieses erlauchten Paares wurde die Alhambra mit aller erdenklichen Mühe instand gesetzt und neu ausgestattet. Die Ankunft des Hofes brachte lebensvolle Veränderung in das noch vor kurzem menschenleere, verödete Bauwerk. Der Schall der Pauken und Trompeten, der Hufschlag der Pferde auf Straßen und in Vorhöfen, der Glanz der Waffen und das Leuchten der Banner auf Torbogen und Zinnen riefen die alten, ruhmreichen Zeiten der Festung in Erinnerung. Allein, ein sanfterer Geist herrschte nunmehr in dem königlichen

Palast. Durch die Vorzimmer klangen das Rascheln seidener Roben, der gemessene Schritt und die gedämpften Gespräche ehrerbietiger Höflinge, in den Gärten lustwandelten Pagen und Hofdamen, und aus offenen Fenstern tönte Musik.

Dem Gefolge der Majestäten gehörte auch ein Page namens Ruyz de Alarcon an. Er war ein Lieblingspage der Königin, und da jede Person im Gefolge der hehren Isabella nach edler Abkunft, Schönheit und Sitte ausgewählt worden war, ist damit wohl sehr viel gesagt. Er zählte just achtzehn Jahre, war von schlanker, geschmeidiger Gestalt und schön wie ein junger Antinous. Vor der Königin erstarb er in Ergebenheit und Verehrung, in Wahrheit aber war er ein loses Bürschchen, von den Damen des Hofes verzärtelt und verdorben und, was die Liebe betraf, weit über sein Alter hinaus erfahren.

Dieser kecke Page durchstreifte eines Morgens die Gehege des Generalife,

welche den Bereich der Alhambra überblicken. Als Gefährten hatte er den Lieblingsfalken der Königin mitgenommen. Im Verlauf seiner Wanderungen sah Ruyz, wie ein Vogel aus dem Dickicht aufflatterte. Rasch nahm er dem Falken die Haube ab und ließ ihn fliegen. Das

Tier schwang sich hoch empor in die Lüfte, stieß auf die Beute nieder, verfehlte sie aber und flog dahin, ohne auf die Lockrufe des Pagen zu achten. Dieser folgte dem pflichtvergessenen Beizvogel mit dem Blick und sah, wie er sich nach schwerelosem Gleiten schließlich auf den Zinnen eines abseitsgelegenen Turmes in den Außenwerken der Alhambra niederließ. Jener Turm war an den Rand einer Senke gebaut, welche die königliche Festung von den Gründen des Generalife trennte. Es war kein anderer als der ›Torre de las Infantas‹.

Ruyz de Alarcon stieg in die Senke hinab und näherte sich dem Bau, doch fand er keinen Zugang von unten, und die ragende, steile Höhe des Gemäuers vereitelte jeden Versuch, es zu erklettern. Er mußte einen weiten Umweg machen, und durch eines der Tore der Festung gelangte er schließlich zu jener Seite des Turmes, die sich innerhalb des Mauerringes befand.

Ein kleiner Garten, umschlossen von myrtenüberwachsenem Gitterwerk aus Rohr, lag vor dem alten Bau. Der Page öffnete das Pförtchen, und zwischen Blumenbeeten und Rosenhecken schritt er auf die Tür zu. Sie war versperrt und verriegelt. Durch eine Spalte im Holz spähte der Jüngling ins Innere. Er sah eine kleine maurische Halle mit reichverzierten Wänden, hellen Marmorsäulen und einem Alabasterbrunnen, um den Blumen wuchsen. Auf einem Sitz räkelte sich eine schildpattfarbene Katze inmitten von Seidensträhnen und anderen Dingen, mit denen sich Frauen zu beschäftigen pflegen. Am Brunnen aber lehnte eine bändergeschmückte Laute.

Ruyz de Alarcon war aufs höchste erstaunt über diese Anzeichen weiblichen Wirkens und verfeinerter Lebensart in einem einsamen und, wie er angenommen hatte, unbewohnten Turm. Alle Mären von den verzauberten Hallen der Alhambra kamen ihm in den Sinn. Dann wäre diese schildpattfarbene Katze am Ende gar eine verwunschene Prinzessin?

Er klopfte leise an die Tür. Ein überaus liebliches Gesicht blickte durch einen kleinen Ausguck im Mauerwerk, verschwand aber sogleich wieder. Der Jüngling wartete, hoffend, daß die Tür geöffnet würde, doch er wartete vergebens. Von drinnen war kein Schritt zu hören – alles blieb still. Hatten ihn seine Sinne getäuscht, oder war diese zauberhafte Erscheinung die Fee des Turmes? Er pochte nochmals, etwas lauter. Nach einer kleinen Weile lugte wieder, ganz vorsichtig, das holde Antlitz heraus. Es gehörte einer reizenden jungen Dame von fünfzehn Jahren.

Flugs nahm der Page seine federgeschmückte Mütze ab und bat auf die allerhöflichste und eindringlichste Weise, den Turm betreten zu dürfen, um seinen Falken wieder einfangen zu können.

»Ich wage es nicht, die Tür zu öffnen, Señor«, erwiderte das Fräulein errötend.

»Meine Tante hat es verboten.«

»Ich flehe Euch an, schönes Mädchen – es ist der Lieblingsfalke der Königin. Ohne ihn darf ich nicht in den Palast zurückkehren.«

»Seid Ihr denn einer von den Kavalieren des Hofes?«

»Das bin ich, edle Señorita. Aber ich werde die Gunst der Königin und meine Stellung einbüßen, wenn ich diesen Falken verliere.«

»Santa Maria! Gerade vor den Kavalieren des Hofes soll ich die Tür verschlossen halten, hat mir meine Tante eingeschärft!«

»Vor schlimmen Kavalieren, gewiß, doch ich bin keiner von diesen. Ich bin nur ein harmloser Page, der verstoßen und vernichtet sein wird, wenn Ihr ihm diesen kleinen Wunsch verwehrt!«

Die Not des Pagen rührte das Herz des Mädchens. Es wäre doch tausendmal schade, wenn er solch einer Nichtigkeit wegen unglücklich werden sollte! Auch konnte er sicherlich keines jener gefährlichen Wesen sein, deren Schreckbilder ihr die Tante gemalt hatte: reißende Wölfe, immer umherschweifend und stets auf der Lauer, um sich unvorsichtiger junger Damen zu bemächtigen. Er war doch so sanft und so bescheiden, und wenn er so dastand, die Mütze in der Hand, sah er wirklich sehr vertrauenswürdig aus...

Der schlaue Alarcon merkte wohl, daß die Bewohnerin des Turmes wankend wurde, und verdoppelte seine dringenden Bitten in solch herzbewegenden Ausdrücken, daß kein sterbliches Mädchen ihn hätte abweisen können. So stieg denn die kleine Wächterin herab und schloß mit zitternder Hand die Tür auf. Hatten dem Pagen schon in der Sekunde, als das Gesichtchen durch die Scharte spähte, die feinen Züge über alle Maßen gut gefallen, so war er entzückt über die Gestalt, die er nun zu sehen bekam.

Das andalusische Mieder und die kostbare Basquiña betonten das Ebenmaß des

Leibes, der zart zur Weiblichkeit erblühte. Das glänzende Haar war in der Stirne sorgfältig gescheitelt und nach der allgemeinen Landessitte mit einer frischgepflückten Rose geschmückt. Gewiß, ihre Haut war von den Strahlen der südlichen Sonne getönt, doch solche Bräune vertiefte nur den rosigen Schimmer ihrer Wangen und erhöhte den Glanz ihrer samtigen Augen. Ruyz de Alarcon erfaßte all das mit einem einzigen Blick, denn er durfte nicht verweilen. Er murmelte nur seinen Dank und eilte behende die Wendeltreppe hinauf, um seinen Falken zu suchen.

Bald kehrte er wieder zurück, den entflogenen Beizvogel auf dem Falknerhandschuh. Die junge Dame hatte sich mittlerweile an den Brunnen gesetzt und wand Seide. Doch in ihrer Erregung ließ sie die Strähne auf die Steinfliesen fallen. Der Page sprang herzu, hob sie auf, dann beugte er graziös das Knie und reichte sie dar. Die Hand aber, die sich ihm entgegenstreckte, ergriff er und drückte einen Kuß darauf, feuriger und hingebungsvoller, als ihn jemals die duftende Hand seiner hohen Herrin empfangen hatte.

»Ave Maria, Señor!« rief das Fräulein, in seiner Verwirrung und Überraschung noch mehr errötend, denn nie zuvor war ihm solcher Gruß entboten worden.

Der bescheidene Page entschuldigte sich tausendmal und versicherte ihr, dies sei bei Hofe die Art, tiefste Verehrung und Huldigung auszudrücken.

Ruyz de Alarcon, durchtrieben wie er war, sah die Verlegenheit der kleinen Turmbewohnerin, die ihre Seide, statt sie flink abzuwickeln, zu schier unentwirrbaren Knäueln verstrickte. Gern hätte er sich die reizende Unwissenheit des Mädchens zunutze gemacht, aber die glatten Reden, die er sonst wohl angehoben hätte, erstarben ihm auf den Lippen. Der gewandte Page, der sich mit so viel Sicherheit und Keckheit unter den raffiniertesten und weltläufigsten Damen des

Hofes bewegte, wurde zu seiner Verblüffung in der Gegenwart eines halben Kindes entsetzlich linkisch.

Wahrhaftig, dieses arglose Mädchen hatte in seiner Sittsamkeit und Unschuld viel bessere Wächter als die Schlösser und Riegel der besorgten Tante. Indes, welches weibliche Wesen würde das erste Liebesgeflüster überhören? Bei all ihrer Unerfahrenheit verstand die Kleine nur zu gut, was der Page kaum in Worte zu fassen vermochte, und ihr Herz schlug schneller vor Freude, da sie zum ersten Mal einen Anbeter zu ihren Füßen sah – und welch einen Anbeter!

Die seltsame Schüchternheit des Pagen, wiewohl echt, währte nur kurze Zeit, und er gewann sehr rasch sein gewohntes Selbstvertrauen wieder, da ertönte plötzlich in der Ferne eine schrille Stimme.

»Meine Tante kommt von der Messe zurück!« rief das Mädchen, starr vor Schreck. »Señor, ich bitte Euch, geht!«

»Erst, wenn Ihr mir die Rose aus Eurem Haar zum Andenken gebt.«

Hastig nestelte sie die Blüte aus ihren rabenschwarzen Flechten. »Hier!« flüsterte sie atemlos, »doch ich beschwöre Euch, entflieht!«

Der Page ergriff die Rose, gleichzeitig bedeckte er die zarte Hand, die sie gab, mit vielen Küssen. Sodann steckte er die Blume an seine Mütze und, den Falken auf der Linken, eilte er durch den Garten davon – und nahm auch das Herz der sanften Jacinta mit.

Als die mißtrauische Tante den Turm betrat, bemerkte sie sofort die Verstörtheit ihrer Nichte und witterte, daß in der Halle etwas Ungewöhnliches vorgefallen sein müsse. Aber ein Wort der Erklärung genügte. »Ein Jagdfalke hat seine Beute bis hierher verfolgt.«

»Gott sei uns gnädig! Ein Falke ist in den Turm geflogen! Hat man schon je von so einem frechen Tier gehört? Der Vogel im Käfig ist nicht mehr sicher!«

Es gab wohl kaum eine wachsamere alte Jungfer als die umsichtige Fredegonda. Sie hegte, was ihr schicklich schien, Abscheu und Mißtrauen gegen das ›andere Geschlecht‹, wie sie es nannte, eine Feindschaft, die durch ein langes, der Keuschheit geweihtes Leben gesteigert und gefestigt worden war. Nicht, daß die

Gute je selbst unter den Kühnheiten der ruchlosen Männerwelt zu leiden gehabt hätte, o nein! Die Natur hatte ihr als Schutz ein Gesicht beschert, das sogleich von jeglichem Annäherungsversuch abschreckte. Aber gerade solche Damen, die am wenigsten Grund haben, für sich selbst etwas zu befürchten, sind nur allzu gern bereit, ihre reizvolleren Schwestern vor der Arglist der Männer zu bewahren.

Ihre Nichte war das Kind eines im Felde gefallenen Offiziers. In einem Kloster erzogen und vor kurzem aus diesem geheiligten Zufluchtsort der persönlichen Obhut der strengen Tante übergeben, lebte sie unter deren alles abschirmender Fürsorge dahin wie eine aufblühende Rose unter einem Dornbusch. Dieser Vergleich wurde nicht nur zufällig, der Bildhaftigkeit wegen gewählt. Denn, um die Wahrheit zu vermelden, Jacintas zarte junge Schönheit war trotz ihres verborgenen Wohnsitzes und ihres höchst züchtigen Wandels nicht unbemerkt geblieben. Und mit jener poetischen Art, die dem Volk von Andalusien eigen ist, hatten ihr die Landleute der umliegenden Ansiedlungen den Ehrennamen ›Rose der Alhambra‹ verliehen.

Solange der König in Granada Hof hielt, ließ die tugendsame Fredegonda ihre bezaubernde junge Schutzbefohlene nicht aus den Augen, und selbstzufrieden durfte sie sich sagen, daß ihre Wachsamkeit erfolgreich sei. Je nun, die gute Dame wurde wohl hin und wieder durch Gitarrengeklimper und Liebesliedlein aus den mondhellen Gründen unterhalb des Turmes belästigt. Aber sie ermahnte ihre Nichte dringend, solch nichtsnutzigem Saitenspiel kein Gehör zu schenken, denn, so versicherte sie wortreich, dies sei einer der Kniffe des abscheulichen ›anderen Geschlechtes‹, um unwissende Mädchen zu allerlei Verderblichem zu verführen. Allein, was vermögen dürre Tantenworte gegen eine schmachtende Mondscheinserenade?

Schließlich beendete König Philipp seinen Séjour in Granada und rüstete samt Gefolge zum Aufbruch. Die scharfäugige Fredegonda beobachtete den prächtigen Zug, Karossen, Eskorte und Troß, der durch die ›Puerta de la Justicia‹ kam und seinen Weg über die breite Straße nahm, die zur Stadt führte. Als das letzte Banner Fredegondas Blick entschwand, kehrte sie frohgemut zum Turm zurück.

Doch was war das? – Ein leichter arabischer Renner stand stampfend beim Gartenpförtchen – und zu ihrer Bestürzung erblickte sie durch das Rosendickicht einen Jüngling in reichgestickter Kleidung zu Füßen ihrer Nichte. Beim Klang ihrer beflügelten Schritte entbot er einen zärtlichen Abschiedsgruß, sprang flink über die Barriere von Rohr und Myrten, schwang sich auf sein Pferd und war im Hui den entsetzten Tantenaugen entschwunden.

In ihrem Schmerz vergaß die sanfte

Jacinta alle Vorsicht. Wild schluchzend warf sie sich in Fredegondas Arme.

»Ay de mi!« rief sie, »er ist fort! – Er ist fort! Fort! Fort! Und ich werde ihn nie mehr wiedersehen!«

»Fort? – Wer ist fort? Wer war der Jüngling, der vor dir kniete?«

»Ein Page der Königin, der gekommen ist, um mir Lebewohl zu sagen.«

»Ein Page der Königin? Kind!« hauchte die sittenstrenge Tante, einer Ohnmacht nahe. »Und wann hast du den Pagen der Königin kennengelernt?«

»An jenem Morgen, da der Jagdfalke in den Turm flog. Es war der Falke der Königin, und der Jüngling kam, um ihn einzufangen.«

»Ach närrisches, närrisches Mädchen! Kein Jagdfalke ist auch nur halb so gefährlich wie jene kecken jungen Pagen, denen so dumme Geschöpfe, wie du eines bist, zur leichten Beute werden!«

Die Erkenntnis, daß trotz ihrer vielgerühmten Wachsamkeit fast unter ihren Augen zarte Liebesbande geknüpft worden waren, erboste die Tante zunächst. Doch als sie erkannte, daß ihre arglose Nichte – obwohl ohne den Schutz von

Schlössern und Riegeln all den Machenschaften des ›anderen Geschlechtes‹ preisgegeben – dennoch die Feuerprobe unversehrt überstanden hatte, tröstete sie sich mit der schönen Einbildung, dies sei den Grundsätzen von Tugend und Zucht zu danken, die sie ihrer Nichte durch tägliche Predigten anerzogen hatte.

Also träufelte Fredegonda lindernden Balsam auf ihren verletzten Stolz. Jacinta aber bewahrte und hegte in ihrem Herzen die vielen Treueschwüre des Pagen. Allein, was ist die Liebe des rastlos schweifenden Mannes? Ein unsteter Strom, der für kurze Zeit jede Blüte an seinem Ufer umkost, dann weitereilt und nichts als Tränen zurückläßt.

Tage, Wochen, Monate vergingen, der Page blieb verschollen. Die Granatäpfel reiften, der Wein prangte im Traubenschmuck, herbstliche Regengüsse kamen in Sturzbächen von den Bergen, Schnee breitete sich als glitzernder Mantel über die Gipfel der Sierra Nevada, und

Winterstürme brachten eisigen Hauch in die heiteren Hallen der Alhambra – aber *er* kam noch immer nicht. Der Winter ging vorüber. Wieder zog mit Liedern, Blüten und lindem Zephyr der herrliche andalusische Frühling ins Land. Der Schnee schmolz vom Gebirge, nur die höchste Spitze der Nevada behielt ihre glänzende Krone, die durch die flimmernde Sommerluft leuchtete. – Und keine, keine Botschaft von dem treulosen Jüngling!

Die arme kleine Jacinta wurde blaß und verhärmt. Ihre früheren Freuden und Zerstreuungen waren vergessen, die Seide lag verworren, die Gitarre blieb stumm, die sonst so sorgsam gepflegten Blumen begannen zu welken, der Gesang des Vogels blieb unbeachtet. Des Mädchens schöne Augen, einst so klar, wurden vom heimlichen Weinen trübe. Gälte es ein Retiro zu finden, wie geschaffen, die Herzensregungen eines einsam schmachtenden Mädchens zu vertiefen, dann wäre es ein Ort wie die Alhambra, wo alles dazu angetan scheint, zärtliche, romantische Träumereien zu erwecken. Es ist ein wahres Paradies für Liebende. Um so trauriger aber, in solch einem Paradies allein zu sein – und nicht nur allein, sondern verlassen!

»Kopf hoch, dummes Kind!« sagte die abgeklärte, keusche Fredegonda, als sie ihre Nichte einmal in kummervollem Nachsinnen fand. »Habe ich dich nicht vor der Verworfenheit und den Ränken der Männer gewarnt? Was konntest du auch von dem Sprößling einer hochmütigen, ehrgeizigen Familie erwarten? Du, eine Waise, Abkömmling eines verarmten Geschlechtes! Glaube mir, selbst wenn dir der Jüngling die Treue hielte, würde sein Vater, der einer der stolzesten Edelleute des Hofes ist, die Verbindung mit einem besitzlosen Mädchen, wie du eines bist, verbieten. Darum raffe dich auf und schlage dir solche müßigen Gedanken aus dem Kopf.«

Diese Worte der makellosen Fredegonda steigerten nur die Melancholie ihrer Nichte, aber Jacinta suchte von nun an ihren Schmerz vor der gestrengen Tante zu verbergen. In einer Sommernacht, zu später Stunde, als sich Fredegonda bereits zur Ruhe begeben hatte, verblieb Jacinta allein in der Halle des Turmes und ließ sich am alabasternen Brunnen nieder. Hier war der flatterhafte Page zum ersten Mal vor ihr gekniet und hatte ihre Hand geküßt, hier hatte er ihr oft und oft ewige Treue geschworen! Das Herz des armen jungen Mädchens war übervoll von zärtlichen und zugleich traurigen Erinnerungen, ihre Tränen begannen zu fließen, und Zähre auf Zähre fiel in den Brunnen. Allmählich wellte sich das kristallklare Wasser, und – blubb-blubb-blubb – wallte es auf, bis langsam eine weibliche Gestalt in reicher maurischer Kleidung erschien.

Jacinta erschrak dermaßen, daß sie aus der Halle floh und nicht zurückzukehren wagte. Am nächsten Morgen erzählte sie ihrer Tante von der Vision, aber die edle Dame hielt alles für ein Hirngespinst ihrer liebeskranken Nichte oder meinte, diese sei eben am Brunnen eingeschlafen. »Du hast wohl über die Geschichte von den drei maurischen Prinzessinen nachgedacht, die einst diesen Turm bewohnten. Und dann hast du davon geträumt.«

»Welche Geschichte, Tante? Ich weiß nichts davon.«

»Ach, sicherlich hast du schon von den drei Prinzessinen Saida, Soraida und Sorahaida gehört. Ihr Vater, der König, hielt sie in diesen Gemächern gefangen, und sie waren bereit, mit drei christlichen Rittern zu fliehen. Zweien von ihnen gelang die Flucht, die dritte aber vermochte sich nicht zu entschließen und, so wird berichtet, starb hier im Turm.«

»Nun erinnere ich mich, und das Geschick der lieblichen Sorahaida hat mich zu Tränen gerührt«, sagte Jacinta.

»Ja, weine nur über ihr Los«, fuhr die Tante fort. »Denn Sorahaidas Anbeter war dein Ahnherr. Lange trauerte er um seine maurische Liebe, aber die Zeit linderte seinen Schmerz, und er vermählte sich mit einer Spanierin aus adeligem Geblüt, von der du abstammst.«

Jacinta grübelte über diese Eröffnung nach. ›Was ich sah, war keine Sinnestäuschung, daran glaube ich fest‹, sprach sie zu sich selbst. ›Wenn sich wirklich Sorahaidens Geist zeigte, der um diesen Turm schwebt, warum sollte ich mich dann fürchten? Ich will heute nacht beim Brunnen wachen – vielleicht erscheint sie mir wieder.‹

In der tiefen Stille gegen Mitternacht nahm sie ihren Platz in der Halle ein. Als die Glocke des fernen Wachtturms der Alhambra den Ablauf der zwölften Stunde kündete, kamen die Wasser wieder in Bewegung, und – blubb-blubb-blubb – sprudelten sie empor, bis die Maurin vor dem Blick des Mädchens Gestalt gewann.

Sie war jung und schön, Edelsteine funkelten auf ihrer Kleidung, in der Hand hielt sie eine silberne Laute. Jacinta zitterte, ein Schwindel überkam sie, aber als sie in das edle, traurige Antlitz der Erscheinung blickte und deren sanfte, klagende Stimme hörte, faßte sie neuen Mut.

»Tochter der Sterblichkeit«, sprach die Prinzessin, »was bereitet dir Gram? Warum vergießest du Tränen in meinen Brunnen, warum klingen deine Seufzer durch das Schweigen der Nacht?«

»Ich weine über die Treulosigkeit eines Mannes und beklage meine Einsamkeit und Verlassenheit.«

»Sei getrost. Deine Leiden werden bald enden. Du siehst eine maurische Prinzessin, die gleich dir unglücklich liebte. Ein christlicher Ritter, dein Ahnherr, wollte mich in seine Heimat und in den Schoß seiner Kirche führen. In meinem Herzen war ich bereits bekehrt, allein, mein Mut war schwächer als mein Glaube. Ich zögerte, bis es zu spät war. Deshalb haben böse Geister Macht über mich, und ich bleibe in diesen Turm verbannt, bis eine reine Christenseele bereit ist, den Fluch von mir zu nehmen. Willst du mich erlösen?«

»Ich will es«, antwortete das Mädchen bebend.

»Komm näher, fürchte dich nicht. Tauche deine Hand in den Brunnen, träufle Wasser über mich und taufe mich nach dem Brauch deines Glaubens. Dann wird mein ruheloser Geist in den ewigen Frieden eingehen.«

Mit schwankenden Schritten näherte sich Jacinta dem Becken, schöpfte Wasser in der hohlen Hand und goß es über das bleiche Antlitz der Erscheinung.

Ein Lächeln unaussprechlicher Glückseligkeit verklärte die Züge der maurischen Prinzessin. Sie ließ ihre silberne Laute zu Jacintas Füßen niedergleiten, kreuzte die weißen Arme über der Brust und entschwand dem Blick, so daß es schien, als sei ein Sprühregen von Tautropfen in das Alabasterbecken gefallen.

Von seltsamen, widerstreitenden Gefühlen bewegt verließ Jacinta die Halle. Lange lag sie noch schlaflos. Als sie bei Tagesanbruch aus einem unruhigen Schlummer erwachte, dünkte ihr das nächtliche Erlebnis wie ein wirrer Traum. Aber als sie die Halle betrat, fand sie die greifbare Bestätigung ihrer Vision, denn am Brunnenrand erblickte sie die silberne Laute, die im Schein der Morgensonne blinkte.

Sie eilte zu ihrer Tante und erzählte dieser, was ihr widerfahren war. Da die gute Fredegonda mit zweifelnder, bedenklicher Miene zuhörte, zeigte ihr Jacinta zum Beweis die Laute. Welches Wunder! Jacinta berührte das Instrument und entlockte ihm solch berückende Klänge, daß sich sogar im keuschen Busen der makellosen Fredegonda sonderbare, nie gekannte Gefühle regten. Nur überirdische Musik konnte dies bewirken!

Von Tag zu Tag wurden die magischen Kräfte der Laute deutlicher offenbar. Wanderer, die am Turm vorbeizogen, hielten inne und lauschten in stummem, atemlosem Entzücken. Ja sogar die Vögel sammelten sich im Geäst ringsum, unterbrachen ihr eifriges Gezwitscher und hörten still, wie verzaubert zu.

Bald ging die Kunde von Mund zu Mund. In Scharen pilgerten die Bewohner von Granada zur Alhambra, um einige Töne der Sphärenmusik zu vernehmen, die aus dem ›Torre de las Infantas‹ ins Freie drang. Schließlich wurde die liebliche kleine Lautenspielerin aus ihrer Abgeschiedenheit geholt, denn die Reichen und Mächtigen des Landes wetteiferten darin, wer den Vorzug genießen sollte, sie bei sich zu empfangen und gebührend zu ehren – oder vielmehr, wer sich ihre Künste zu sichern vermöchte, um dadurch seinen Salon zum Anziehungspunkt für die elegante Gesellschaft zu machen. Wohin sich Jacinta auch wandte, ihre Tante bewachte sie wie ein Drache den Hort und hielt die vielen schwärmerischen Bewunderer auf Distanz, die über das Spiel des Mädchens in hymnische Begeisterung gerieten. Von Stadt zu Stadt verbreitete sich Jacintas Ruhm. Malaga, Sevilla, Cordoba, alle waren hingerissen. In ganz Andalusien sprach man von nichts anderem als von der schönen Lautenspielerin aus der Alhambra. Ist das verwunderlich, wenn man bedenkt, daß die Menschen jenes Landstrichs sehr viel Sinn für Musik und Frauenschönheit besitzen? Wohnten den Saiten nicht Zauberkräfte inne? Und war das reizende Mädchen nicht von der Liebe beseelt?

Während sich Andalusien an den Klängen der Laute berauschte, herrschte am Königshof trübe Stimmung. Philipp V. war nämlich ein erbärmlicher Hypochonder und kam auf die unvernünftigsten Ideen. Manchmal verbrachte er lange Wochen im Bett und stöhnte unter allen möglichen eingebildeten Leiden. Zu anderen Zeiten wieder bestand er darauf, dem Thron zu entsagen, sehr zum Ärger Isabellas, die eine große Vorliebe für den Pomp und Glanz des Königtums hatte und im übrigen das Zepter ihres schwachen gekrönten Gemahls mit starker, kundiger Hand führte.

Nichts erwies sich so wirksam, die Grillen Seiner Majestät zu vertreiben, als die Tonkunst. Die Königin war daher bestrebt, die hervorragendsten Sänger und Musici an ihrem Hof zu versammeln, und der berühmte italienische Tenorist Farinelli nahm gewissermaßen die Stellung eines königlichen Leibarztes ein.

Die neueste Laune des weisen und erleuchteten Bourbonensprosses aber übertraf bei weitem alle früheren, ebenfalls reichlich seltsamen Einfälle: nach langer eingebildeter Krankheit, die allen Bemühungen Farinellis und der Hofkapelle spottete, gab der Monarch seinen Hirngespinsten nach den Geist auf und betrachtete sich als gestorben.

Nun, dies wäre ja an sich unbedenklich und für die Königin und den Hofstaat sogar recht angenehm gewesen, hätte sich Philipp damit zufriedengegeben, in der Stille zu ruhen, wie es einem Toten zukommt. Aber zum allseitigen Mißbehagen wollte er unbedingt, daß auch Begräbnisfeierlichkeiten für ihn abgehalten würden. Er war höchst erbost und warf seiner Suite Pietätlosigkeit und Mangel an Ehrfurcht vor, weil man ihn nicht bestattete.

Was sollte geschehen?

Einem ausdrücklichen Befehl des Herrschers nicht zu gehorchen, war in den Augen der willfährigen Höflinge ein Verbrechen – aber ihm Folge zu leisten und den Monarchen lebendig zu begraben, wäre glatter Königsmord gewesen!

Mitten in diesem schrecklichen Gewissenskonflikt erreichten die Lobeshymnen auf die junge Lautenspielerin, die ganz Andalusien in Bann hielt, den Palast. Isabella Regina sandte in aller Eile Boten aus, um die ›Rose der Alhambra‹ nach San Ildefonso zu berufen, das zu jener Zeit königliche Residenz war.

Wenige Tage später, als sich die Königin, umgeben von ihren Hofdamen, eben in jenen prächtigen Gärten erging, die mit ihren Alleen, Terrassen und Fontänen allen Prunk und Glanz des Parks von Versailles übertreffen sollten, wurde ihr die vielgerühmte Lautenspielerin vorgestellt. Isabella, im Strahlenkranz ihrer hohen Würde, betrachtete voll Erstaunen dieses bescheidene junge Wesen, das alle Welt bezaubert hatte. Jacinta trug ihre malerische andalusische Tracht, die silberne Laute in den Händen, so stand sie da, den Blick demütig gesenkt, doch mit allem Liebreiz der ›Rose der Alhambra‹.

Wie immer wurde Jacinta von der unermüdlichen Fredegonda begleitet, die auf die Fragen der Königin weitschweifig die Familiengeschichte ihrer Schutzbefohlenen entrollte. Hatte schon Jacintas äußere Erscheinung auf die hehre Isabella einen sehr günstigen Eindruck gemacht, so wurde diese noch huldvoller gestimmt, als sie hörte, daß das Mädchen einem sehr geachteten, obgleich verarmten Geschlecht entstamme und daß sein tapferer Vater im Dienste der Krone sein Leben gelassen hatte. »Wenn deine Fähigkeiten deinem Ruhm entsprechen«, sagte sie, »und du den bösen Geist, der deinen Herrscher plagt, vertreiben kannst, dann sollst du fortan in Pracht und Reichtum leben.«

Begierig, die Künste des Mädchens zu erproben, schritt die Königin ungesäumt voran, in das Gemach des grillenhaften Souveräns.

Jacinta folgte ihr mit gesenkten Augen durch lange Spaliere von Garden und an Gruppen ernster Kavaliere vorbei. Schließlich kamen sie in einen großen, schwarz verhangenen Raum. Die Fensterflügel waren fest verschlossen. Hohe, gelbe Wachskerzen in verzierten, silbernen Kandelabern verbreiteten mattes, dämmeriges Licht. Schattenhaft und starr standen Lakaien in Trauerkleidung an den Wänden. Höflinge mit gramerfüllten Mienen bewegten sich lautlos durch den Saal. Und hoch oben

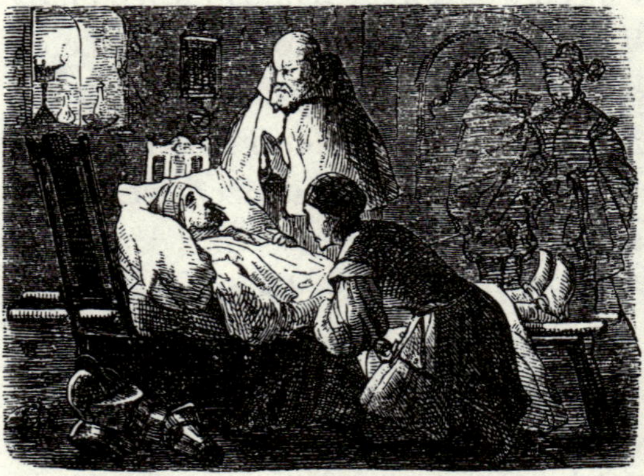

auf dem Paradebett lag ausgestreckt, mit gefalteten Händen und geisterhaft weißer Nasenspitze, die Majestät, die so gern begraben sein wollte.

Schweigend betrat die Königin den Raum und, auf einen Schemel in einer dunklen Ecke weisend, bedeutete sie

Jacinta, sich niederzusetzen und zu beginnen.

Zuerst berührte diese die Saiten mit unsicherer Hand, doch sehr bald erwachte ihre Begeisterung, und sie ließ herrliche Harmonien erklingen. Die Anwesenden trauten ihren Ohren nicht, sie konnten kaum fassen, daß eine Sterbliche so himmlisch zu spielen vermochte. Der Monarch, der sich bereits im Reich der Geister wähnte, glaubte Engelsharfen und Sphärenmusik zu vernehmen. Allmählich wurde die Melodie abgewandelt, und nun erhob Jacinta ihre helle Stimme. Sie sang eine der legendären Balladen vom alten Ruhm der Alhambra und den Künsten der Mauren. Sie legte ihre ganze Seele in das Lied, denn wenn sie an die Alhambra dachte, dann dachte sie auch an ihre Liebe. Das Trauergemach hallte wider von rauschender Musik. Der König fühlte köstliches neues Leben in seinen erstarrten Gliedern. Er hob den Kopf und blickte um sich – er setzte sich auf, seine Augen begannen zu leuchten – und schließlich sprang er vom Trauergerüst herab und rief nach Degen und Wehrgehänge.

Musica triumphans!

O Krönung aller Wundermacht dieser Laute! Der Dämon der Melancholie war vertrieben. Und sozusagen ein Toter dem Leben wiedergegeben. Die Fenster des Gemaches flogen auf, und das strahlende goldene Licht der spanischen Sonne erfüllte den vor kurzem noch so düsteren Raum.

Alle Augen suchten die liebliche Zauberin –

– die Laute war ihren Händen entglitten, und im nächsten Augenblick lag Jacinta an der Brust von Ruyz de Alarcon.

Über allem Zauber Liebe!

Die Hochzeit des glücklichen Paares wurde bald darauf mit großem Gepränge gefeiert, und die ›Rose der Alhambra‹ war fortan eine Zierde des königlichen

Hofes. »Halte ein, nicht so schnell!« höre ich nun den geneigten Leser ausrufen. »Allzu hurtig nimmst du das Ende der Geschichte vorweg! Erst berichte uns, wie es Ruyz de Alarcon gelang, sich vor Jacinta für sein langes Schweigen zu rechtfertigen.« – Nun, nichts leichter als das. Die gute, glaubhafte, oft bewährte Begründung: der Widerstand eines stolzen, standesbewußten alten Vaters gegen die Wünsche des Sohnes. Zudem: junge Leute, die einander wahrhaft gut sind, versöhnen sich sehr rasch und begraben alles einstige Ungemach, wenn sie nur wieder beisammensein können.

»Aber wie kam es, daß dieser stolze, standesbewußte alte Vater dieser Verbindung dann dennoch seinen Segen gab?«

Ei, was das betrifft, ein Wort der Königin genügte, um seine Bedenken sehr schnell zu zerstreuen, und der Entschluß wurde ihm leicht, da Jacinta der Liebling des Herrscherpaares war und viele Gunstbezeigungen erfuhr. Überdies vermochte sie doch mit ihrer Laute den starrsten Sinn und das härteste Herz zu bezwingen.

»Und was geschah mit dieser verzauberten Laute?«

Ja, das ist das Seltsamste an der ganzen Geschichte und beweist klar deren Wahr-

heit. Die Laute verblieb einige Zeit in der Familie, wurde aber später entwendet und außer Landes geschafft. Wie man annimmt, von dem großen Sänger Farinelli, natürlich aus purem Neid. Bei seinem Tod ging das Instrument in Italien in andere Hände über, die neuen Besitzer wußten nichts von dessen übernatürlichen

Kräften, das Silber wurde eingeschmolzen und die Saiten wurden auf eine alte Cremoneser Geige übertragen. Doch diese Saiten behielten etwas von ihrer Zaubermacht. Im Vertrauen gesagt – aber nicht weitererzählen! –, diese Geige behext nun die ganze Welt: es ist die Geige Paganinis!

ÜBER DEN AUTOR

Washington Irving wurde am 3.4.1783 in New York geboren und starb am 28.11.1859 in Sunnyside/New York. Er studierte Jura, arbeitete nach seinem Examen in der Anwaltskanzlei eines Bruders, interessierte sich aber in der Hauptsache für Literatur.

Schon früh erwachte Irvings Interesse an Europa, von dem er aber ein Leben lang romantische Vorstellungen hegte. Seine erste Bekanntschaft mit dem alten Kontinent machte er 1804–1806. Der angehende Schriftsteller unternahm diese Reise aus gesundheitlichen Gründen. Im Interesse der brüderlichen Firma reiste er dann 1815 nach Liverpool und blieb diesmal insgesamt siebzehn Jahre an verschiedenen Orten und in verschiedenen Funktionen in Europa: zwei Jahre in Frankreich, von 1826–1829 als Attaché in Spanien und schließlich von 1829 bis 1832 als Sekretär an der amerikanischen Botschaft in London. Nach seiner Rückkehr in die Heimat feierte man Irving als ersten amerikanischen Schriftsteller von Weltrang. 1842–1846 kehrte er noch einmal als Gesandter Amerikas an den spanischen Hof zurück.

Es heißt, er sei seinerzeit der bekannteste und beliebteste Amerikaner in Europa gewesen und habe hier die gleiche Popularität wie vor ihm Benjamin Franklin genossen.

Washington Irving wurde im weitesten Sinne zum Botschafter seines Landes: ihm gelang es, das europäische Interesse auf die amerikanische Literatur, ihre Eigenart und Entwicklung zu lenken. Sein erstes größeres Werk *Diedrich Knickerbocker's History of New York*, vor allem aber sein berühmtes *The Sketch Book of Geoffrey Crayon* schildert die Frühgeschichte seiner Heimatstadt unter holländischer Herrschaft. Kein geringerer als Sir Walter Scott ermutigte Irving zu dieser Darstellung, und lange Zeit hielt man Scott selbst für den Verfasser des *Skizzenbuches*. Das allein wäre schon Auszeichnung genug gewesen, aber auch Byron, Coleridge und Moore äußerten sich enthusiastisch über die Arbeit, deren Erfolg ungeheuer groß war. Man nennt ihn »Vater der amerikanischen Literatur«.

Wie er selbst berichtet, war er für das geistige Europa ».... etwas Neues und Seltsames in der Literatur, gewissermaßen ein Halbwilder, aber mit der Feder in der Hand und nicht auf dem Scheitel. Man war begierig zu erfahren, was solch ein Wesen über die zivilisierte Gesellschaft zu sagen habe.«

Washington Irving, umfassend gebildet, besaß eine Vorliebe für historische Überlieferungen, Sinn für Anekdotisches und Einfühlung in Stimmungen sowie detailreiches Milieu. Von seinen zahlreichen Werken sind die historischen heute in den Hintergrund getreten. Nach wie vor lebendig und lesenswert aber sind die Arbeiten geblieben, die sich satirisch oder parodistisch mit der Gesellschaft seiner

Zeit auseinandersetzten und die formal als Vorläufer der ›short stories‹ anzusehen sind.

Die meisten Erzählungen Irvings sind gefiltert aus dem, was er selbst erfahren hat. Ein Aufenthalt in Flandern inspirierte ihn zum *Kühnen Dragoner*, einem Capriccio voll pikaresker Drastik, irisch geflunkert. Das Merry Old England seiner Tage lieferte dem Autor die Eindrücke für *Der dicke Herr*, ein kauziges Meisterwerk nuancierter psychologischer Situationsschilderung. In Spanien schrieb er sein zweites Skizzenbuch *Die Alhambra.* In der hier vorgelegten Erzählung *Die Rose der Alhambra* schildert Irving die Überschneidung zweier Kulturkreise – des sagenhaften maurischen und des höfischen Barocks Spaniens.

Rip van Winkle, die Titelgeschichte des vorliegenden Erzählungsbandes, ist die humoristische Neuschöpfung der Kyffhäusersage. Es ist die tragikomische Geschichte eines verschlafenen Amerikaners holländischer Abstammung, der auf seltsame Weise in 20jährigen Schlaf versetzt wird. Bei seinem Erwachen findet er Amerika vom Kolonialismus und sich selbst von einer zänkischen Frau befreit. Diese Kurzgeschichte symbolisiert einen Schritt der amerikanischen Literatur auf dem Wege zur Eigenständigkeit.

Gunther Martin

ÜBER DEN ILLUSTRATOR

Der Verlag wählte für den vorliegenden Band Illustrationen aus einer 1856 bei F. A. Brockhaus in Leipzig erschienenen Auswahl von Irving-Erzählungen aus, die dem Zeitkolorit sowie den Intentionen des Autors gerecht werden.

Der Genremaler und Lithograph *Henry Ritter* stammte wie Washington Irving aus Amerika und verbrachte einen großen Teil seines Lebens in Europa. Ritter wurde am 26.5.1816 in Montreal geboren, seine Eltern übersiedelten aber bereits drei Jahre später nach London. 1824 verlegte die Familie ihren Wohnsitz nach Hamburg. Ritter lebte bis zu seinem Tode in Deutschland. Er starb am 24.2.1853 in Düsseldorf.

Ersten Unterricht erhielt der zeichnerisch begabte Ritter 1833 in Hamburg, wo er bei den seinerzeit geschätzten Porträtmalern Gröger und Abendroth ›in die Lehre ging‹. 1836 wechselte er dann in die Malklasse der Düsseldorfer Akademie über, die damals von Karl Sohn geleitet wurde.

Henry Ritters Arbeiten zeigen Vorliebe und Neigung für das Genrefach, er entsprach damit dem meisterlichen Schilderer von Stimmungen und Milieu: Washington Irving, dessen berühmtes ›Sketch Book‹ er u.a. ebenfalls illustrierte.

Nach Henry Ritters Tod hat sein Freund *Wil-*

helm Camphausen einige Illustrationen entweder nach vorhandenen Skizzen von Ritter oder nach eigenen Entwürfen angefertigt, damit die Ausgabe vollständig erscheinen konnte.

● W. Somerset Maugham
Ausgewählt von Gerd Haffmans. Aus dem Englischen von Elisabeth Schnack
detebe 21726

● Guy de Maupassant
Ausgewählt, übertragen und mit einem Nachwort von Walter Widmer. detebe 21897

● Herman Melville
detebe 22435

● Prosper Mérimée
detebe 22447

● Conrad Ferdinand Meyer
detebe 22448

● Frank O'Connor
detebe 22451

● George Orwell
Ausgewählt von Christian Strich. detebe 21935

● Konstantin Paustowski
Aus dem Russischen von Rebecca Candreia und Hans Luchsinger. Eine Auswahl aus den Bänden ›Das Sternbild der Jagdhunde‹ und ›Die Windrose‹. detebe 21956

● Luigi Pirandello
Auswahl und Nachwort von Lisa Rüdiger. Aus dem Italienischen von Percy Eckstein, Hans Hinterhäuser und Lisa Rüdiger. detebe 21527

● Edgar Allan Poe
Aus dem Amerikanischen von Gisela Etzel. Auswahl und Vorwort von Mary Hottinger
detebe 21721

● Alexander S. Puschkin
Aus dem Russischen von André Villard. Mit einem Fragment »Über Puschkin« von Maxim Gorki. detebe 21526

● Alan Sillitoe
detebe 22402

● Georges Simenon
Aus dem Französischen von Wolfram Schäfer u.a. detebe 21620

● Henry Slesar
Aus dem Amerikanischen von Thomas Schlück. detebe 21621

● Stendhal
Mit einem Nachwort von Maurice Bardèche
detebe 22463

● Adalbert Stifter
Mit einem Nachwort von Julius Stöcker
detebe 21609

● Rodolphe Toepffer
Ausgewählt und aus dem Französischen von H. Graef. Mit einem Vorwort von Maurice Aubry. detebe 21505

● Leo Tolstoi
Ausgewählt von Christian Strich. Aus dem Russischen von Arthur Luther, Erich Müller und August Scholz. detebe 21700

● B. Traven
Ausgewählt von William Matheson
detebe 21887

● Iwan Turgenjew
Herausgegeben und aus dem Russischen und mit einem Nachwort von Johannes von Guenther. detebe 21051

● Mark Twain
Mit einem Vorwort von N.O. Scarpi. Auswahl und Bearbeitung von Marie-Louise Bischof und Ruth Binde. detebe 21888

● Jules Verne
Aus dem Französischen von Erich Fivian
detebe 22416